**FREUNDESKREIS KAROLINGISCHE KLOSTERSTADT MESSKIRCH – CAMPUS GALLI E.V. (Hrsg.)**

# Karolingische Klosterstadt Meßkirch

Chronik Karolingische Klosterstadt
herausgegeben vom
Freundeskreis Karolingische Klosterstadt Meßkirch – Campus Galli e. V.
durch Armin Heim
Band 13 / 2025

**FREUNDESKREIS KAROLINGISCHE KLOSTERSTADT
MESSKIRCH – CAMPUS GALLI E.V. (Hrsg.)**

# Karolingische Klosterstadt Meßkirch

*Dokumentation einer Zeitreise auf dem Campus Galli*

chronik 2025

Die automatisierte Analyse des Werkes, um daraus Informationen insbesondere über Muster, Trends und Korrelationen gemäß § 44b UrhG (»Text und Data Mining«) zu gewinnen, ist untersagt.

Bei Fragen zur Produktsicherheit gemäß der Verordnung über die allgemeine Produktsicherheit (GPSR) wenden Sie sich bitte an den Verlag.

Besuchen Sie uns im Internet:
www.gmeiner-verlag.de

© 2025 – Gmeiner-Verlag GmbH
Im Ehnried 5, 88605 Meßkirch
Telefon 0 75 75 / 20 95-0
info@gmeiner-verlag.de
Alle Rechte vorbehalten
1. Auflage 2025

Korrektorat: Isabell Michelberger
Herstellung: Susanne Lutz / Veronika Buck
Printed in Germany
ISBN 978-3-7801-1511-9

# Inhaltsverzeichnis

**Vorwort** // Klaus Burger ................................................................................................... 7

**Gold und Farbe für die Holzkirche** // Hannes Napierala und Lara Reisigl-Domeneghetti ................ 8

**Der Gallus-Schrein in der Holzkirche – Gedanken und Hintergründe zur formalen Umsetzung eines Heiligengrabmonuments der späten Merowingerzeit auf dem Campus Galli** // Tilmann Marstaller .......... 14

**Bau des Abtshof-Nebengebäudes** // Aurel von Schroeder, Zimmerermeister Campus Galli ............... 34

**»Hilfsmittel, … damit sie seinen Besitz bewahren und verteidigen« – Die Vita s. Galli des Walahfrid Strabo als Instrument des Wirtschaftmanagements** // Johanna Jebe ................................................ 40

**»Die Königstochter soll sich in ihrem fünfzehnten Jahre an einer Spindel stechen und tot hinfallen.«** // Mechthild Schwarzkopf ........................................................................... 46

**Impressionen** // Armin Heim ............................................................................................. 52

**Die Entstehung der Holzkirche in Bildern** // Jens Lautenschlager und Hannes Napierala ............... 58

**Hildegard (*828, gest. 856) und Bertha (*vor 839, gest. 877) – karolingische Königstöchter und erste Äbtissinnen des Fraumünsters Zürich** // Andrea Braun-Henle .......................................... 64

**»Das Oratorium sei, was sein Name besagt, Haus des Gebetes!« Die Abteikirche im St. Galler Klosterplan – 1. Teil: Quellen in der Regel Benedikts und in anderen Texten, erste Beobachtungen des Mittelschiffs** // Jakobus Kaffanke OSB ............................................ 80

**»Das Geheimnis des Klosterplans« – ein in der Karolingerzeit spielender Krimi mit Bezug zum Campus Galli Zu Besuch bei der Schriftstellerin Monika Küble** // Armin Heim ........................................... 87

**Zur Zukunft der Klosterbaustelle – Interview mit Uta Mahler-Kraus, Vorsitzende des Trägervereins Karolingische Klosterstadt e. V.** // Isabell Michelberger ...................................................... 90

Die Autoren .................................................................................................................. 94

Abbildungsverzeichnis ..................................................................................................... 95

# Vorwort Chronik Campus Galli

Klaus Burger, Vorsitzender des Freundeskreises Campus Galli

Sehr geehrte Damen und Herren, liebe Freundinnen und Freunde der Karolingischen Klosterstadt Campus Galli,

Sie halten die »Chronik 2025« der Karolingischen Klosterstadt in Händen. Fast wie ein Dauerauftrag erscheint Jahr für Jahr eine neue Ausgabe, die diese Sammlung zu einem wertvollen Nachschlagewerk über unsere Klosterstadt Campus Galli macht.

Viel zu oft wird übersehen, wie viele helfende Hände erforderlich sind, dieses Werk entstehen zu lassen. Von der wissenschaftlichen Recherche über das Verfassen der Texte bis hin zur Auswahl der Bilder, der Finanzierung, der gesamten Produktion und Auslieferung.

In der aktuellen Ausgabe werden wieder einige Geschichten erzählt oder wissenschaftlich aufgearbeitet. Lassen Sie sich überraschen.

Mein besonderer Dank gilt also all denjenigen, welche in der Vergangenheit und aktuell ehrenamtlich bereit sind, diese Chronik zu erstellen. Das ist nicht selbstverständlich.

Ihnen gilt Respekt, Hochachtung und Dankbarkeit.

Als Leser und Sammler der Nachschlagewerke wünsche ich viel Freude und Muse beim Schmökern – und vielleicht auch die Gelegenheit, das darin enthaltene Wissen mit Freunden zu teilen. In diesem Sinne: Viel Spaß beim Entdecken!

Schauen Sie doch einmal wieder auf dem Campus vorbei, es hat sich viel getan!

Ihr Klaus Burger MdL
Vorsitzender Freundeskreis
Campus Galli e. V.

# Gold und Farbe für die Holzkirche

Hannes Napierala und Lara Reisigl-Domeneghetti

Auch lange nachdem die Holzkirche als Gebäude fertiggestellt worden ist, wird an der Gestaltung des Innenraums weitergearbeitet. Tücher, liturgische Gegenstände, Mobiliar und vieles mehr wird nach und nach hergestellt. In denjenigen Kirchen, die heute noch aus karolingischer Zeit erhalten sind, wie z.B. dem nahe gelegenen St. Sylvester bei Überlingen, sind die Wände außerdem häufig bunt bemalt.

Doch wie sah das Ganze in einer einfachen Holzkirche aus? Die Wände der Holzkirche, die aktuell aus Spaltbohlen bestehen, sind als Untergrund für eine Bemalung ungeeignet, doch es gibt Gedanken dazu, dies eventuell zu ändern und damit etwas Farbe in die Kirche zu bringen, was einem authentischen Erscheinungsbild zuträglich wäre. Wandflächen, sofern sie sich technisch für das Bemalen eignen, waren auch in Holzkirchen wahrscheinlich farbig gestaltet.

Schwieriger ist die Frage, ob auch Chorschranken farbig gestaltet waren oder nicht. Von steinernen Chorschranken sind nahezu keine Farbreste bekannt, allerdings wäre es denkbar, dass für Stein und Holz nicht die gleichen Regeln galten. Auch wenn es keine Nachweise dafür gibt, halten es manche Archäologen und Kunsthistoriker für denkbar, dass man durch farbige Gestaltung des Holzes versuchte, Stein zu imitieren, d.h. zum Beispiel durch weiße Farbe den Anschein von Marmor zu erwecken oder durch rote oder schwarze Farbe im »Hintergrund« der Ornamente ein durchbrochenes Gitter zu suggerieren.

Im letzten Jahr waren zwei Kunsthandwerkerinnen aus Norwegen bei uns zu Gast: Lara Reisigl-Domeneghetti (Kunstverksted AS, Dovre) und Hannah Marie Nes (Ålesund). Die beiden sind Expertinnen für das Malen mit mineralischen Pigmenten sowie für das Vergolden. Es ist inzwischen das dritte Jahr, in dem aus Norwegen Kunsthandwerker zu uns kommen und jeweils für einige Wochen gezielt an handwerklichen Projekten arbeiten – ein Beitrag dazu findet sich auch in der letztjährigen »Chronik«.

Im Jahr 2024 standen dabei zwei Projekte im Fokus: Zum einen wurde das Holzkreuz am Altar mit Blattgold vergoldet, zum anderen wurden die Chorschrankenplatten farbig gestaltet.

Die Arbeiten an der Chorschranke sind dabei als Vorschlag zu betrachten oder als Diskussionsbeitrag, wie man sich die farbige Fassung von hölzernen Chorschranken vorstellen könnte.

Als Vorlage für die Ornamentik wählten wir, wie bereits bei den geschnitzten Ornamenten der

Chorschrankenpfeiler, Stücke aus dem großen Bestand an steinernen Chorschranken-Elementen aus Metz (Frankreich). Auf den Abbildungen (Abb. 1) zu sehen sind jeweils steinernes Original aus dem Fundkatalog sowie die fertige, farbige Interpretation der beiden Künstlerinnen auf Holz.

Die Arbeiten erfolgten auf eigens dafür hergestellten Holztafeln, denn die bisherigen Füllungen der Chorschranken waren zu uneben und wiesen Spalten zwischen den einzelnen Brettern auf, weshalb sie nicht gut zu bemalen gewesen wären. Es wurden deshalb aus Birnenholz neue Platten gefügt, die glatt gehobelt und verleimt wurden. Die Wahl des Holzes erfolgte schlicht aufgrund der Tatsache, dass es verfügbar war und eine sehr dichte, ebenmäßige Oberfläche hat.

Als Basis bzw. Grundierung wurde das Holz mit einer Mischung aus Leim und Kalksteinmehl (»Kreide«) in mehreren Schichten versiegelt und hinterher glattgeschabt. So wurden die Poren im Holz geschlossen und kleinere Fehlstellen und Unebenheiten ausgeglichen. Die Ornamente wurden dann in die ersten Kreidegrundschichten geritzt/graviert und danach koloriert.

Bei den Farben handelt es sich um Pigmente in Pulverform, die wir zugekauft haben und die dann mit Hasenleim als Bindemittel angemischt wurden. Hasenleim ist wie Haut-, Fisch- und Knochenleim im Wesentlichen tierisches Kollagen – ähnlich Gelatine. Hergestellt werden diese Klebstoffe durch langes Auskochen der Häute oder Knochen. Diese Klebstoffe sind seit vielen tausend Jahren bekannt und werden selbst heute noch teilweise verwendet, z.B. im Instrumenten- und Möbelbau.

**Die Pigmente sind:**
**Beinschwarz:** zermahlene, verkohlte Knochen für ein feines, gleichmäßiges Schwarz
**Roter Burgunder Ocker:** Der sogenannte »burgunder« Ocker stammt nicht aus dem heutigen Burgund, sondern aus dem Roussillon (östlich von Avignon), wo es große Ocker-Vorkommen gibt, die schon seit der Steinzeit genutzt werden und spätestens seit den Römern auch über

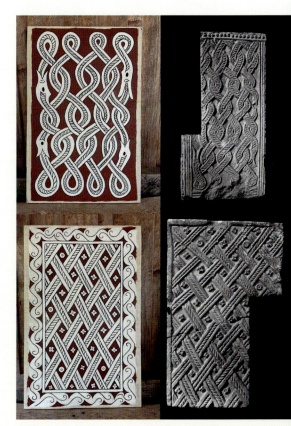

Abb. 1 Chorschrankenplatten aus Metz (rechts, aus dem Fundkatalog) sowie Ausführung auf Holz

Handelswege in andere Gegenden gelangten. Ocker ist eine Mischung aus Eisenoxiden und Tonerde. Je nach Art des Eisenoxids kann Ocker gelblich oder rot sein.
**Eierschalen-Weiß:** Bei der weißen Farbe wäre Bleiweiß (Bleioxid) eine

Abb. 2 Verschiedene Arbeitsschritte beim Bemalen der Chorschrankenplatten, vom Vorzeichnen mit feinen Ritzlinien bis hin zu den feinen schwarzen Linien, die die Ornamente begrenzen

naheliegende Variante gewesen, doch aus gesundheitlichen Gründen haben wir uns für eine Alternative entschieden. Aus fein gemahlenen Eierschalen lässt sich ein Farbstoff herstellen, der eine hohe Deckkraft hat, farblich sehr nah an Bleiweiß, aber gesundheitlich unbedenklich ist. Auch in der Buchmalerei wurde dieser Farbstoff früher verwendet.

Bevor die Farbe mit Pinseln aufgetragen werden konnte, wurden die beiden Holztafeln zunächst mit erwärmtem Hasenleim bestrichen. Anschließend trug man mehrere Schichten eines feinen Kalksteinmehls aus der Juraformation, vermischt mit Hasenleim, auf, glättete die Oberfläche und verschloss so die Poren. Die Ornamente wurden anschließend freihand eingeritzt – ohne Lineale oder Zirkel.

Wer die Möglichkeit hatte, als Besucher einmal persönlich bei der Entstehung der Malereien zuzusehen, konnte sich davon überzeugen, mit welcher Präzision und welch ruhiger Hand die beiden Künstlerinnen die Ornamente aufs Holz brachten. Kaum zu glauben, dass diese

Abb. 3 Das Karolingische Kreuz von Enghausen

Abb. 4 Das Lotharkreuz in Aachen

leuchtend deckenden Farben und der saubere Pinselstrich mit so einfachen Methoden und Zutaten entstanden sind. Abbildung 2 zeigt die grobe Abfolge der Arbeitsschritte.

## Kreuz

Das Kreuz in der Holzkirche wurde von den beiden Handwerkerinnen mit Blattgold vergoldet und auf der Rückseite mit einer Gravierung versehen, die den gekreuzigten Christus darstellt. Letzteres folgt einem Entwurf, den Tilmann Marstaller bereits 2022 entwickelt hatte, als wir die Gestaltung bzw. Aufwertung des Vortragekreuzes bereits einmal thematisiert hatten.

Unter anderem aus Gründen des Diebstahlschutzes mussten wir damals von einer hochwertigen Ausführung mit (Edel-)Steinen und Metall absehen. Bei der Konzeption 2022 war die Gravur auf der Rückseite aber bereits angedacht. Formell folgt sie der Christusdarstellung des »Todüberwindenden Christus« im Großkreuz von Enghausen/Bayern aus der Zeit um 890/900 (siehe Abb. 3). Technisch, d.h. in Bezug auf die Linienführung und Platzierung der Gravur folgt sie dem Lotharkreuz aus dem Domschatz Aachen, um 960/70 (Abb. 4).

Durch das Vergolden mit Blattgold wurde nun eine Aufwertung des Kreuzes möglich, die ohne großen Materialwert auskommt und somit hoffentlich einen Diebstahl verhindert.

Beim Vergolden ist die Vorbereitung des Untergrundes ein extrem wichtiger und aufwendiger Schritt. In vielen Schichten (zwischen 12 und 15 Schichten) wurden wie bei den Chorschrankenplatten eine Mischung aus Kalksteinmehl und Hasenleim aufgetragen und zuletzt ein feiner weißer Ton, der »Bolus Alba« genannt wird. Dieser wurde dann mit einem sehr glatten, harten Achat-Stein (ein Halbedelstein) poliert.

Diese auf Hochglanz polierte Oberfläche bildete den Abschluss der Vorbereitung.

Die Oberfläche wurde anschließend mit einem sehr stark verdünnten, warmen Hasenleim benetzt. Das Blattgold konnte dann mit einem Anschießer (Eichhörnchenhaarpinsel) vorsichtig aufgelegt und angedrückt werden (Abb. 5).

Abb. 5 Vergoldermeisterin Lara Reisigl-Domeneghetti beim Auflegen des Goldes, was höchste Konzentration erfordert

Die darunterliegenden, auf Hasenleimbasis aufgebauten Schichten werden durch diese Lösung kurz reaktiviert, wodurch der Halt des Blattgoldes auf der Oberfläche verstärkt wird.

Mehrere Schichten sind meist nötig, denn das Blattgold ist so dünn, dass anfänglich noch der Untergrund durchschimmert. Abschließend kann die Oberfläche dann ebenfalls poliert werden. Spätestens hier zeigt sich, wie gut die Vorbereitung war, denn nur wenn auch der Untergrund glänzend glatt poliert wurde, wird auch die Oberfläche des Goldes glänzen.

Beide Projekte, die Chorschrankenplatten und das Vergolden des Kreuzes, konnten während der Saison 2024 abgeschlossen werden und bereichern seitdem die Holzkirche. Das vergoldete Kreuz in der sonst weitgehend holz- und erdfarbenen Atmosphäre des Kirchenraumes scheint nahezu von selbst zu leuchten und lenkt den Blick des Betrachters hin zum Altar.

Während der Arbeiten erfuhren die Künstlerinnen große Aufmerksamkeit und Bewunderung: Es war ein Highlight der Saison 2024. Die Rahmenbedingungen waren für die beiden allerdings alles andere als einfach: Das Erwärmen des Hasenleims mit einem Keramikgefäß im Glutbett statt einem elektrischen Leimkocher, das Arbeiten unter dem Einfluss des Wetters, einfache Pinsel und Rührwerkzeuge, das alles meisterten die beiden mit Leichtigkeit und das Ergebnis spricht für sich.

Wir hoffen, auch in Zukunft die Zusammenarbeit vorführen zu können, und empfinden es als große Ehre, mit solchen Ausnahmekünstlerinnen zu arbeiten. Wir bedanken uns außerdem für die finanzielle Unterstützung dieses Projekts beim Freundeskreis Karolingische Klosterstadt e. V. und den Familien Kramer und Schubert.

Abb. 6 Das fertig vergoldete Holzkreuz in der Kirche. Die beiden Chorschrankenplatten standen während der restlichen Saison noch im Altarraum, wurden inzwischen aber in die Schrankenanlage integriert.

# Der Gallus-Schrein in der Holzkirche
## Gedanken und Hintergründe zur formalen Umsetzung eines Heiligengrabmonuments der späten Merowingerzeit auf dem Campus Galli

Tilmann Marstaller

**Prolog: Heilige und ihre Reliquien**
Zu den wichtigsten und zugleich am schwierigsten zu konzipierenden Ausstattungselementen der Holzkirche auf dem Campus Galli gehörte sicherlich das Heiligengrabmonument. Seine Fertigstellung pünktlich zum Gallustag am 16. Oktober 2023 bildet den Anlass für die nachfolgenden Zeilen (Abb. 1). Die Frage nach der Entwicklung der Begräbnisstätte des Gallus ist für die »Erzählgeschichte« des Campus Galli von immenser Bedeutung. Denn im St. Galler Klosterplan, der den Ausgangspunkt für unser großes Experiment darstellt, bildet das Grab des Klostergründers das Herz der gesamten Anlage. So übte der Sarkophag mit den sterblichen Überresten des Gründers der Klosterzelle an der Steinach als ältestes christliches Märtyrergrab in

Abb. 1: Blick nach Südosten in die Holzkirche nach dem symbolträchtigen Aufrichten des Heiligenmonuments am 16.10.2023, dem Gallustag. Faszinierend war das auf den Altar und Heiligenmonument fallende Licht durch das kleine kreuzförmige Fenster im Westgiebel der Holzkirche.

Alemannien eine außerordentliche Anziehungskraft auf Pilger aus. Dasselbe galt für zahllose Adlige, die durch Schenkungen an das Galluskloster nicht nur etwas für ihr Seelenheil taten, sondern vor allem den Besitz der unter Otmar zu einem regulierten Benediktinerkloster aufgestiegenen Zelle im Laufe des 8. und frühen 9. Jahrhunderts stetig vermehrten. Dieser Entwicklung trägt der auf der Reichenau gezeichnete Klosterplan Rechnung. So erklärt sich die fast schon organigrammartig gezeichnete Klosteranlage nur aus der Existenz des Gallusgrabes heraus als religiöses und auch wirtschaftliches Zentrum. Die Anlage einer Winkelgangkrypta unter dem erhöhten Chor der Abteikirche ermöglichte dabei eine Lenkung der offensichtlich stark angewachsenen Pilgerströme innerhalb des Klosterbetriebs. Das Heiligengrab und die Krypta illustrieren folglich die überragende, überregionale Bedeutung der Klosteranlage, deren Anfänge jedoch weitaus bescheidener ausgesehen haben mögen. Wie schon die Holzkirche auf dem Campus Galli symbolisiert nun auch der darin aufgestellte Heiligenschrein das Zwischenstadium auf dem Weg St. Gallens zum großen Wallfahrtsort, dessen rasante Entwicklung sicherlich einen wichtigen Anlass zur Konzeption des Klosterplans gab und schließlich zum großen Neubau der Abtei unter Abt Gozbert führte. Es versteht sich von selbst, dass die Anlage des Heiligenmonuments in der Holzkirche auf dem Campus Galli kein reales Heiligengrab darstellt und der »Sarg« im Heiligenschrein dementsprechend auch keine Reliquien beinhaltet – wenngleich man der Frage, wie sich das Vorhandensein einer Reliquie auf die Besucherzahlen unserer Einrichtung auswirken würde, durchaus einen gewissen Reiz abgewinnen könnte. Doch Spaß beiseite: das Thema der Heiligenverehrung ist ebenso komplex wie heikel, berührt es doch viele Aspekte der Frühmittelalterforschung, die nicht gerade mit einer großen Fülle an Befunden aufwarten kann. Gerade am Beispiel der »sagenumwobenen«, regelhaft von Wunderlegenden geprägten Begräbnisstätten christlicher Heiliger zeigt sich die eingeschränkte Interpretationsfähigkeit der einschlägigen historischen Quellen: Sie sind in den allerseltensten Fällen zeitgenössisch und im Grunde nie ohne Hintergedanken verfasst worden. Die zahlreich erhaltenen Heiligenviten sollten schließlich – analog zu den zahllos gefälschten Urkunden – häufig Bedeutungs- und Besitzansprüche geltend machen, den Kult vor Ort legitimieren und auf eine schriftlich »nachprüfbare« Grundlage stellen. Aber auch urmenschliche Bedürfnisse und Emotionen sind hier im Spiel, denn Heilige und deren Reliquien galten und gelten für viele Menschen noch heute als »wirkmächtig«, sollten Gutes im Leben der Menschen bewirken, diese vor den Gefahren des Alltags und ganz besonders in Ausnahmezuständen wie Krankheit oder Krieg beschützen. Das Interesse an einem indirekt »göttlichen« Beistand im gefahrenvollen Leben des Frühmittelalters war entsprechend groß und prägte die Menschen natürlich auch schon vor der Übernahme des christlichen Glaubens.

Die konzeptionellen Probleme beginnen – archäologisch betrachtet – bereits bei der Beantwortung der Frage, um welche Art von Reliquien es denn jeweils ging: um Primärreliquien, sprich um die eigentlichen sterblichen Überreste der zu Heiligen erhobenen Personen, oder um Sekundärreliquien, bei denen es sich um Kleidung, Besitz oder allgemein um Gegenstände handeln konnte, die mit den Heiligen in Berührung gekommen sind? Zu Letzteren gehören zumeist nachträglich mit den Primärreliquien in Berührung gebrachte Gegenstände oder Partikel, wie etwa Wachsklümpchen von Kerzen, die am Heiligengrab aufgestellt waren und damit mit der Grabesstätte in »Berührung« gekommen sind, ebenso wie Blüten oder sonstige pflanzliche Teile, aber auch Wasser, Öle, ja selbst Erde oder Staub aus der direkten Umgebung des Heiligengrabs. Interessanterweise zeigt sich in den Schriftquellen bei der qualitativen Unterscheidung eine beachtliche Unschärfe. So ist in aller Regel neutral von »Reliquien« die Rede, ohne Aufschluss darüber zu geben, ob es sich dabei um »Primärreliquien« oder »Berührungsreliquien« handelt. Dies mag sicherlich daran liegen, dass die Wirkkraft der Primär- und Sekundärreliquien als äquivalent angesehen wurde. Doch scheint es gerade mit Blick auf die frühen Pilgerstätten, wie eben auch St. Gallen, eine Frage von erheblicher Bedeutung gewesen zu sein, ob die Primärheiligen als unantastbares Gut geschützt waren oder sie sich etwa durch kontinuierliche Entnahme von Knochenpartikeln allmählich »in Luft« auflösten und die ursprünglichen Heiligengrabstätten damit zu Orten mutierten, bei denen nicht viel mehr als der berühmte »genius loci« übrig blieb. Gerade in der fragilen Zeit der Christianisierung schien die Unversehrtheit der heiligen Leiber ein hohes Gut zu sein, wie aus zahlreichen Berichten abzuleiten ist. Dementsprechend übten (und üben noch immer) Orte mit vorhandenen Heiligenleibern, allen voran Rom, eine magische Anziehungskraft auf christliche Pilger aus, was keineswegs nur von religiöser, sondern nicht minder von wirtschaftlicher Bedeutung war. So ist umgekehrt davon auszugehen, dass es sich bei den im Frühmittelalter »auf Reisen« gegangenen Reliquien fast ausschließlich um Berührungsreliquien handelte. Dies bestätigen wohl auch die wenigen erhaltenen und noch seltener untersuchten Inhalte der merowingerzeitlichen Reliquiare, in denen sich in aller Regel keine menschlichen Knochensplitter vorfanden.

Noch mehr zeigen sich die Grenzen der Interpretationsfähigkeit an den obertägig und erst recht an den archäologisch überlieferten Relikten, die uns der Heiligenkult des Frühmittelalters hinterlassen hat. Hier stellt die normalerweise nur äußerst fragmentarische Erhaltung der Objekte die Forschung regelhaft vor unlösbare Probleme. Und auch diese Relikte sind nur als reine Befunde »neutrale« Quellen: Die Archäologie oder die Bau- und Kunstgeschichte vermag mit all ihren wissenschaftlichen Seitenarmen mitunter sehr präzise Angaben zu Alter, technischen oder medizinischen Eigenschaften oder zur Herkunft der Artefakte oder biologischen Relikte zu bestimmen. Die Aussagen dazu, welche Hintergründe, Beweggründe, Gedanken oder auch deren gegenseitige Vernetzung zu deren Ausprägung oder Gestalt führten, beruhen zumeist auf einem mehr oder weniger komplexen Interpretationsgebilde, welches gleichermaßen menschlichen Fähigkeiten wie Schwächen unterliegt. Sprich: Entscheidungen, ob ein Gegenstand von religiöser Bedeutung oder von reiner Sachlichkeit bestimmt war, sind nie frei von möglichen Fehlschlüssen. Es geht hier eben – das sei allen nachfolgenden Denk- und Lösungsansätzen vorangestellt – im wahrsten Sinne des Wortes um »Glaubensdinge«, also um den immateriellen »Inhalt« unserer menschlichen Gehirne. Und spätestens bei den Gehirnen stößt die Wissenschaft (zum Glück!) noch immer an unüberwindbare Hürden des Ergründbaren.

Mit den vorliegenden Zeilen soll versucht werden, anhand der

Überlieferungen zum Gallusgrab in St. Gallen und den Überlegungen zum Heiligenmonument in der Holzkirche auf dem Campus Galli ein kleines Stück weit in die komplexe Welt des frühen Christentums gerade in Alemannien einzutauchen, Argumentationsstränge nachzuempfinden und vor allem: die verschiedenen Disziplinen, die in diesem Fragenkomplex involviert sind, zusammenzuführen.

## Quellen zur Gestalt des ursprünglichen Gallusgrabes

Das, was man über das ursprüngliche Grab des Gallus zu wissen glaubt (oder wahlweise: zu glauben weiß!), beruht auf den Beschreibungen in den ältesten Gallusviten, die, wie Alfons Zettler betont[1], keineswegs fraglos zu übernehmen sind. So ist bereits der Zeitpunkt der frühesten Niederschrift der Lebensgeschichte des Gallus, die *Vita Sancti Galli Vetustissima*, umstritten. Die Datierungsvorschläge reichen von »um 680«[2] bis »um 720«[3]. Zudem ist die älteste Vita nur fragmentarisch überliefert, diente aber offenkundig als Vorlage für die Gallusvita des 824 gestorbenen Reichenauer Mönchs Wetti. Sie entstand im Auftrag eines »Paters Gozbert«, der mit dem St. Galler Abt Gozbert (816–837), dem Initiator des Neubaus der großen, 830–837 errichteten Klosteranlage, gleichgesetzt wird. Die bekanntere, wohl um 833/834[4] niedergeschriebene *Vita sancti Galli* stammt aus der Feder des späteren Reichenauer Abtes Walahfrid Strabo (842–849). Der junge Strabo war, wie schon seit Längerem vermutet wurde und wie neueste Untersuchungen durch Tino Licht bekräftigen, als einer der Schreiber direkt an der Erstellung des St. Galler Klosterplanes beteiligt.[5]

Zur ursprünglichen Lage des Gallusgrabes berichtet Strabo im 1. Buch, Kap. 33/34: »Seine Jünger aber erhoben die sterblichen Überreste ihres frommen Meisters, trugen sie ins Bethaus und legten sie vor den Altar. Dann beteten sie gemeinsam mit dem Bischof für ihn, gruben ein Grab zwischen der Wand und dem Altar und bestatteten ihn dort, nach dem sie die hierfür vorgesehenen Gebete gesprochen hatten«[6]. In der Zeit um 670/680 wurde das Gallusgrab zum Ziel eines Überfalls von Erchonald, Statthalter des Präfekten. Zusammen mit sieben Knechten öffnete er den Viten zufolge das Erdgrab und nahm den Sarg mit dem Leib des Heiligen heraus. Aufgrund eines Wunders konnten sie jedoch ihr Zerstörungswerk nicht fortsetzen. Daraufhin eilte Bischof Boso von Konstanz nach St. Gallen. Er »nahm [...] den Sarg, in dem sich der heilige Leichnam befand, stellte ihn zwischen der Wand und dem Altar auf den Boden (*supra terram*) und errichtete darüber, wie es üblich ist, einen recht hohen Schrein. Die Grube aber füllte er mit Erde auf.«[7]

Ob die im 9. Jahrhundert entstandenen Beschreibungen der Kultstätte und ihrer Genese tatsächlich auf zeitgenössischen Quellen beruhen, ist nicht zu entscheiden. Wahrscheinlich lagen den meisten schriftlichen Fassungen vor allem mündlich tradierte Überlieferungen zugrunde, die nicht selten eine Laufzeit von mehr als 100 Jahren hatten. Mit Blick auf die wenigen Vergleichsbeispiele erscheinen sie im Falle des Gallusgrabes aber auch nicht abwegig.

A rchäologische Indizien zum Gallusoratorium

Zur Lage des Oratoriums des hl. Gallus existieren laut Guido Faccani und Martin Schindler erst seit 2009 konkretere Hinweise. Damals wurde östlich der großen Abteikirche, begleitend zu einem ostwestlich ausgerichteten Fundament, eine Bestattung des 7. Jahrhunderts aufgedeckt. Die Kombination von Grab und geostetem Fundamentrest kann als Hinweis auf einen merowingerzeitlichen Sakralbau gedeutet werden. Trifft diese Interpretation zu, dann kann es sich bei dem Fundament durchaus um einen Überrest des Gallusoratoriums handeln.[8] Ob es sich dabei um eine Holzkirche auf Schwellfundament oder um einen Massivbau gehandelt hat, wird sich – wenn überhaupt – erst bei der eigentlichen Grabungsauswertung oder bei möglichen noch kommenden archäologischen Aufschlüssen erweisen. Spätestens mit der Erhebung des Sarkophags und der Errichtung des Monuments wurde Gallus als Heiliger anerkannt. Damit avancierte dessen Begräbnisort zum Wallfahrtsort, der in der Nachfolge immer mehr Pilger anzog. Dazu passt, dass laut Guido Faccani und Martin Schindler noch im Laufe des 7. Jahrhunderts eine rege Siedlungstätigkeit im Bereich des späteren Abteigeländes einsetzte.[9] Es stellt sich die Frage, ob diese Entwicklung erst nach der Umwandlung des Oratoriums zur Pilgerkirche erfolgte oder bereits zu Lebzeiten des Gallus? Unter dem Gesichtspunkt, dass das Gallusgrab weit und breit das einzige Heiligengrab und damit auch das erste seiner Art in ganz Alemannien darstellte, erscheint die Entwicklung St. Gallens seit der um 719 erfolgten Reorganisation der sogenannten Einsiedelei des Gallus, also die eigentliche Gründung des Klosters unter Abt Ottmar (*um 689, † 759) und dessen Aufstieg im Laufe des 8. Jahrhunderts, geradezu konsequent.

Faccani und Schindler gehen ferner davon aus, dass im Zuge der Errichtung der ersten Klosterkirche unter Abt Otmar, deren Überreste unter den Ostteilen der heutigen Abteikirche lokalisiert werden, die Gallusreliquien in die neue Kirche transloziert und bereits eine erste Kryptenanlage eingerichtet wurde. Dies wäre nach der Ringkrypta Papst Gregors des Großen in St. Peter in Rom, die um 600 durch Anhebung des Fußbodenniveaus in der Confessio eingerichtet wurde, eine der ersten Anlagen zur baulich geregelten, »unterirdischen« Heiligenverehrung überhaupt. Vielleicht wäre alternativ zu überlegen, ob das Gallusoratorium als Ort der Reliquienverehrung auch nach der Klostergründung zunächst weiter bestand und beispielsweise als eigenständige Kapelle an die erste Klosterkirche angedockt und/oder in die Gesamtanlage integriert wurde. Dies würde beispielsweise manchen Märtyrerkirchen in Rom entsprechen, wo in konstantinischer Zeit die für Prozessionen eingerichteten Umgangsbasiliken nicht über, sondern mit Abstand zu den Heiligengräbern errichtet wurden. Denkbar wäre eventuell auch, dass die in den Schriftquellen genannte Krypta der ersten (steinernen) Klosterkirche erst nachträglich eingerichtet wurde, zumal im frühen (Echternach) und selbst im späten (Molzbichl)

8. Jahrhundert noch Hochgräber angelegt wurden. Dann wäre die Einrichtung der Winkelgangkrypta, wie sie der Klosterplan vorgesehen hat und wie sie letztlich in der großen Abtei des 9. Jahrhunderts auch in variierter Form ausgeführt wurde, noch besser als bauliche Reaktion auf den offensichtlich stark zugenommenen, nun aber »kanalisierbaren« Zustrom an Pilgern zum »Grabmonument« des populären Heiligen innerhalb einer Klosteranlage zu verstehen. Für die Gallusviten ist dies insofern von Bedeutung, da es zumindest möglich erscheint, dass das ursprüngliche Heiligenmonument des 7. Jahrhunderts noch vorhanden war, als die Viten des hl. Gallus niedergeschrieben wurden. Trifft dies zu, wären die Angaben zum Heiligenmonument als realistisch zu bewerten.

Insofern wartet die interessierte Forschung mit allergrößter Spannung auf die Ergebnisse der nun endlich möglichen Auswertung der umfangreichen Grabungen im St. Galler Klosterareal vor allem durch Hans-Rudolph Sennhauser.

# Entwicklung der Grundidee auf dem Campus Galli

## Das Gallusgrab als Ausgangspunkt

Von Beginn an war klar, dass sich das Heiligenmonument eng an der Überlieferung zur Grabstätte des heiligen Gallus im Zustand um 700 orientieren sollte. Im Erzählstrang der Bauten auf dem Campus Galli würde dies folgendermaßen lauten: Wir befinden uns in der Zeit nach »Erhebung« und Ausstellung des durch einen Schrein überhöhten Sarkophags mit den sterblichen Überresten des Gallus durch den Konstanzer Bischof Boso, wenige Jahrzehnte vor Errichtung der ersten Klosterkirche unter Abt Ottmar (um 719).[10]

Aufgrund der vielen, auch quellenkritischen Fragen handelt es sich bei der Konzeption und Anlage des Heiligenmonuments auf dem Campus Galli allenfalls um eine nachempfundene »Geschichte«, keinesfalls um eine Rekonstruktion. Sie zielt in erster Linie darauf, die liturgische Ausgestaltung eines frühklösterlichen Sakralraums mit Heiligengrabmonument zu veranschaulichen, zu dem das Gallusoratorium zumindest zeitweilig geworden war.

## Lage des Heiligenschreins im Raum – Bezug zum Altar

Der Konzeption des Heiligengrabes auf dem Campus Galli waren neben den inhaltlichen Fragen auch noch andere, ganz reale Grenzen gesetzt: Da man bei der Planung und beim Bau der Holzkirche 2014/2015 zwar einen stattlichen Steinaltar, jedoch kein davon separiertes Heiligengrab vorgesehen hatte, war der Platz für dessen nachträgliche Einrichtung in der Holzkirche eingeschränkt (Abb. 2). Ursprünglich war vorgesehen, den Bezug zu den Gallusreliquien durch die Anlage eines Altarsepulcrums an der Rück-

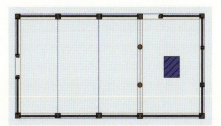

Abb. 2: Grundriss der 2014–2015 errichteten Holzkirche mit einfachem, durch eine Stufe abgesetztem Chorbereich und Blockaltar

seite des Blockaltars herzustellen. Dies scheint allerdings den aus den Schriftquellen her bekannten Gepflogenheiten bei Kirchen mit realen Heiligengräbern zu widersprechen. Die Frage, ob es für die Zeit um 700 überhaupt vorstellbar ist, dass Primärreliquien eines Heiligen im Sepulcrum eines Blockaltars untergebracht wurden, stellt sich für den Bereich nördlich der Alpen schon deshalb nicht, weil es hier zu dieser Zeit praktisch keine Heiligengräber gab. Und selbst dann wäre eher ein Aufbau bevorzugt worden, bei dem der Altar über einem im Boden befindlichen Heiligengrab errichtet wurde.[11] Davon abgesehen sind gemauerte Blockaltäre im Bodenseeraum des 7. Jahrhunderts überhaupt nur in so geringer Zahl überliefert, dass weder eine Altar-Typologie möglich erscheint, noch generell von einer Selbstverständlichkeit ortsfester Altäre ausgegangen werden kann. Wahrscheinlich dürften zu dieser Zeit noch immer mobile Tragaltäre vorherrschend gewesen sein. Nimmt man die Gallusvita wörtlich, dann muss es im Oratorium des Gallus bereits zu dessen Lebzeiten einen Altar gegeben haben, welcher Form auch immer. Auch ist davon auszugehen, dass dieser von Beginn an mit Altarreliquien ausgestattet war. Man möchte dabei gerne an die »Reliquien der seligen Gottesmutter Maria und der heiligen Märtyrer Mauritius und Desiderius« (*Habebat autem pendentem collo capsellam, in qua continebantur reliquae beatae Dei genitricis Mariae et sanctorum martyrum Mauricii et Desiderii*)[12] denken, die der »Wandermönch« in einer um den Hals getragenen »Kapsel« mitgebracht und bei der legendären Gründung der »Einsiedelei« an das von ihm »geflochtene Kreuz« hingehängt hatte. Einen Nachweis gibt es dafür aber nicht, denn das Ursprungspatrozinium des Oratoriums ist nicht bekannt. Nach Hilde Claussen liegt es aber nahe, dass Gallus analog zur Mehrzahl der Columbansklöster die Gottesmutter als Hauptpatronin ausgewählt hatte.[13] Als Aufbewahrungsort der Primärreliquien des Gallus diente folglich sicher nicht der Altar des Oratoriums, auch wenn bereits in den ältesten St. Galler Schenkungsurkunden der Zeit um 700 von der *ecclesia sancti galluni* die Rede ist. Das bedeutet lediglich, dass nach dem Tode des Gallus ein Patroziniumswechsel stattgefunden hat und damit auch Gallusreliquien (dann sicherlich Sekundärreliquien) im Altar deponiert worden sein müssen. Mit Blick auf den Hauptaltar der Abteikirche im Klosterplan, der sowohl Maria als auch Gallus geweiht werden sollte, ist vorstellbar, dass bereits der Oratoriumsaltar von beiden (Berührungs-)Reliquien enthielt. Altar und Heiligenmonument waren jedoch – und sind es nun auch auf dem Campus Galli – von Anfang an zwei voneinander getrennte Einrichtungen.

Damit stellte sich nun die Frage, auf welcher Seite des Altars man das Heiligenmonument platzieren sollte: vorne, hinten oder seitlich?

Laut Gallusvita war bereits das Gallus-Erdgrab »zwischen Altar und Wand« angelegt worden. Da Gallus zum Zeitpunkt seines Begräbnisses noch kein »Heiliger« war, kann nach Auffassung von Hilde Claußen dies nur bedeuten, dass das Grab zwischen Altar und

Chorlängswand, also seitlich des Altars platziert war.[14] Denn der Platz *post* oder *sub altare*, also hinter oder unter dem Altar, war nur dem Grab mit dem jeweiligen Heiligenleib vorbehalten. Die Befunde zum Vitalisgrab im ältesten Vorgängerbau unter der Pfarrkirche St. Dionysius in Esslingen, wo sich das nachträglich in der Längsachse der Kirche eingerichtete, mutmaßliche Heiligengrab östlich des anzunehmenden Altars im unmittelbaren Anschluss an die Chorostwand vorfand, geben ein eindrucksvolles Zeugnis dieser Regel.[15] Allerdings gibt es dazu inzwischen auch Gegenbefunde. So etwa bei Willibrord von Echternach, dem Gründer des dortigen Klosters. So fand sich in Echternach zwischen Altar und der Chorostwand tatsächlich ein leergeräumtes Erdgrab, das mit sehr hoher Wahrscheinlichkeit dem auch hier erst später sprichwörtlich zum Heiligen erhobenen Wilibrord als ursprünglicher Begräbnisplatz zuzuordnen ist. Offensichtlich war Willibrord im Kloster bereits zu Lebzeiten als Heiliger verehrt worden, was in gleicher Weise für Gallus anzunehmen ist. Insofern könnten die Echternacher Verhältnisse auch auf die Überlieferung zum Gallusgrab übertragen werden. Hilde Claussen führt noch einen weiteren Grund an, warum Gallus eher seitlich des Altars bestattet war: Nach Walahfrid Strabo wurde der hölzerne Kasten (*capsellam Lignam*), in dem Gallus zu Lebzeiten sein Bußgewand aufbewahrte, »zu Häupten seines Grabes an der Wand aufgehängt«. Diese Lagebeschreibung wäre nur dann möglich, wenn Gallus, anders als bei christlichen Erdgräbern üblich, mit dem Kopf im Osten, also mit den Füßen dem Altar zugewandt, begraben worden wäre. Es spricht also einiges für eine Lage des Galluserdgrabes seitlich zwischen Altar und (Längs-)Wand des Chors.

Anders verhält es sich jedoch mit dem Heiligenschrein. Folgt man weiter konsequent der Gallusvita Strabos, dann ist für das Heiligengrabmonument die Lage »zwischen Altar und Wand« tatsächlich im östlichen Anschluss an den Altar anzunehmen, also genau dort, wo üblicherweise der Ehrenplatz für die Heiligengräber vorgesehen ist.[16] Ein gutes Vergleichsbeispiel dafür bietet das Hochgrab des hl. Nonnosus in Molzbichl in Kärnten. Dessen Reliquiensarkophag war in exakt dieser Position ebenerdig aufgestellt, von einer Schrankenanlage umgeben und höchstwahrscheinlich von einem reich gestalteten Baldachin überdeckt worden.[17] Für die Holzkirche auf dem Campus Galli als erste Konventskirche ist die Molzbichler Kirche gleich in mehrfacher Hinsicht ein gutes Vergleichsbeispiel, da es sich um eine Klosterkirche des späten 8. Jahrhunderts handelte.[18]

Nimmt man die Beschreibungen aus der Gallusvita nicht wörtlich, wäre auch eine Lage des Schreines »westlich« vor dem Altar, wie Alfons Zettler in einer Sitzung des wissenschaftlichen Beirats des Campus Galli vorgeschlagen hatte, eine sehr gute Lösung gewesen. Denn für diese Lösung ist mit dem Hochgrab des Willibrord in Trier-Echternach ein Beispiel des frühen 8. Jahrhundert archäologisch nachgewiesen.[19] Und auch hier wäre der Bezug zu einer frühen Klosteranlage vorhanden gewesen. Dennoch entschied sich der Bauausschuss des Campus Galli nicht zuletzt wegen dem textlich den Besuchern leichter zu vermittelnden Bezug zur Gallusvita dazu, den Gallusschrein östlich hinter dem Altar zu platzieren.

Da die Aufstellung von Sarkophag und dem darüber errichteten Schrein in firstparalleler Orientierung den Raum zwischen Altar und Chorwand der Holzkirche vollständig ausgefüllt hätte, wurde beschlossen, den Schrein in Querrichtung aufzustellen (Abb. 3). Für die Querorientierung eines Heiligenmonumentes sind Beispiele aus den verschiedensten Zeiten bekannt. So etwa bei dem angeblich erst 1326 an seiner jetzigen Stelle unter dem Hochaltar platzierten, mit hoher Wahrscheinlichkeit noch merowingerzeitlichen Ursicinussarkophag in St. Ursanne im Schweizer Jura[20] oder dem frei hinter dem Altar stehenden, aus antiken Teilen zusammengefügten Sarkophag des hl. Quenin in der Kathedrale von Vaison la Romaine in der französischen Provence (Abb. 4).

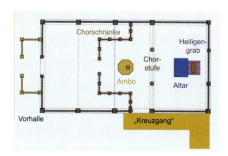

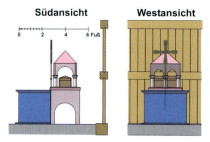

Abb. 3: Durch den Bauausschuss und Beirat bevorzugter Entwurf zum Aufbau des Heiligengrabmonuments auf dem Campus Galli von 2021: Grundriss der Kirche und Ansichten

Abb. 4: Quer aufgestellter Sarkophag östlich des Hauptaltars mit den Gebeinen des hl. Quenin in der Kathedrale von Vaison la Romaine (Frankreich)

Die Positionierung des Heiligenschreins auf dem Campus Galli hinter dem Altar beinhaltete noch eine weitere Hürde. Die Beschreibung des Aufstellungsortes des geborgenen Sarges in der Gallusvita Strabos *super terram* wird üblicherweise so gedeutet, dass der Sarg auf den Boden gestellt wurde und damit genau so, wie es für die bereits genannten Hochgräber des hl. Willibrord in Echternach oder des hl. Nonnosus in Molzbichl archäologisch belegt ist. Gegen diese Aufstellungsform sprach im Falle des Heiligenschreins in der Holzkirche des Campus Galli schon alleine die mangelnde Sicht- und damit Darstellbarkeit des Reliquiensargs für die Besucher. Jedoch ist auch die hier gewählte Aufstellung des Sarges auf einem Podest mit der Angabe in Walahfrids Gallusvita vereinbar, da *supra* sowohl als »oben auf« als auch mit »oberhalb« übersetzt werden kann. So wurde beschlossen, den Sarg des Heiligen auf einem altarhohen Unterbau zu präsentieren (Abb. 5).

Abb. 5: Ansicht des Heiligengrabmonuments auf dem Campus Galli von Nordost mit dem als Durchschlupf gestalteten Podest

Das ausgeführte Heiligenmonument folgt damit der von Joseph Braun als eine bereits entwickelte Form betrachteten Anordnung von Altar und Heiligenschrein.[21]

## Das Heiligengrab als Zentrum des Reliquienkults

Das wichtigste Element des mittelalterlichen Reliquienkults, das mit dem Grabmonument auf dem Campus Galli zum Ausdruck gebracht werden sollte, ist die Wirkmächtigkeit der Reliquien. Durch die zahlreich berichteten Wunder, die sich an den Grabstellen der als Stellvertreter Christi verehrten Heiligen zutrugen, erhielten sie ihren »Nachweis« und damit auch ihre Legitimation. Kurios mutet dabei die »Spezialisierung« der Heiligen an, beispielsweise als Schutzpatrone für alle möglichen Berufsfelder. Oder auch die an beinahe Fachärzte erinnernden Heilsbringer im mittelalterlichen »Gesundheitswesen« als Beistand für Menschen, die an den unterschiedlichsten Krankheiten litten. Durch die Pilgerfahrt zu den Grabstätten der krankheitsspezifisch »geeigneten« Heiligen und dem Vollzug unterschiedlichster Kulthandlungen versprach man sich Linderung oder im Optimalfall sogar Heilung. Zu den derartig verehrten Heiligen, denen man entsprechende heilende Wirkkraft beimaß, gehörte nach Ernst Tremp auch der Heilige Gallus. So verdankt der Autor Herrn Tremp nicht nur den Hinweis auf diesen Bezug zum Gallusgrab, sondern auch ein Vergleichsbei-

Abb. 6: 3D-Scan des sagenumwobenen »Pierre des Fous« in der Wallfahrtskirche von Saint-Dizier-l'Évêque (Frankreich): Einst über dem mutmaßlichen Erdgrab des Bischofs Desiderius aufgestellter, im 19./20. Jahrhundert in einen Nebenraum versetzter Heiligenschrein mit Schlupfpforte zur rituellen Heilung von geistig Kranken

spiel, das als Anregung für die Gestaltung des Unterbaus des Heiligenschreins auf dem Campus Galli dienen sollte: das bemerkenswerte Heiligengrabmonument von Saint-Dizier-l'Évêque, einer kleinen französischen Gemeinde im Département Territoire de Belfort in der Region Bourgogne-Franche-Comté (Abb. 6). Hier bestand offenbar bereits im 7. Jahrhundert ein kleines, dem hl. Martin geweihtes Oratorium, in welchem um 670/73 der wohl von einer Pilgerreise nach Rom zurückkehrende Bischof Desiderus (»Desiderius Rhodonensis«) zusammen mit seinem Diakon Regnifridum eine Messe hielt.[22] Das von den beiden mitgeführte, wertvolle liturgische Gerät weckte offenkundig Begehrlichkeiten, und so wurden der Bischof und sein Diakon an Ort und Stelle von Räubern erschlagen und nachfolgend in der Martinskapelle begraben. »In Erinnerung an die wunderbare Heilung des Dieners Willibert durch Saint Dizier soll schon bald nach dessen Tod eine Wallfahrt entstanden sein, von der sich vor allem Menschen mit Kopfverletzungen und -erkrankungen wie Migräne, Hirnhautentzündung und Geisteskrankheiten Heilung versprachen. Über Jahrhunderte kamen diese Hilfesuchenden von weit her ins Dorf, wurden in der Kirche während einer ›Novene‹ (neun Tage) einquartiert. Jeden Morgen brachte man die Kranken zur Quelle hinunter ins Tal, wo sie in den Brunnentrögen gebadet wurden und den Kopf in den steinernen Nischen wuschen. Gebete und Exorzismen wurden für die Kranken ausgesprochen, die täglich die Kommunion empfangen und unter dem ›Pierre des fous‹ durchkriechen mussten.«[23]

Inzwischen konnte der Verfasser die dort befindliche Kultanlage, die heute in einem Nebenraum der Kirche aufgestellt ist, selbst in Augenschein nehmen. Der sogenannte »Pierre des fous« ist ein steinernes Gehäus, das nur auf den ersten Blick an einen Sarkophag, bei näherer Betrachtung jedoch mehr an eine schlichte Saalkirche mit Satteldach und seitlichen Eingängen erinnert. Allem Anschein nach handelt es sich um ein ursprünglich obertägig im Chor der Kirche über dem Grab des heiliggesprochenen Bischofs aufgestelltes Monument, das den Ausgangspunkt einer vielleicht schon im ausgehenden 7. Jahrhundert einsetzenden, gesichert aber im 8. Jahrhundert existenten Wallfahrt bildete.[24]

Die Seiten des Grabmonuments in Saint-Dizier prägen zwei längere, direkt auf dem Boden aufgestellte Steinplatten, die durch gemauerte Schmalseiten zu einem Rechteck gefügt wurden. Der heutige Zustand scheint dabei stark verändert, womöglich deutlich verkleinert. Ob dies im Zuge der Translozierung der Anlage vom Chor in einen Nebenraum im 19. Jahrhundert erfolgte, ist unklar. Die beiden großen Platten an der Langseite des Unterbaus weisen gegenüberliegende, rundbogig gestaltete Öffnungen auf. An der Innenseite weisen Falze auf schmale dünne Rechtecktürchen (zu denken ist an eiserne Gittertürchen) hin, die hier ursprünglich angeschlagen waren. Der bei Bedarf also verschließbare Durchschlupf führte an der einen Seite über eine Antrittsstufe hinab in eine kleine Grube, die bei der Versetzung der Anlage offensichtlich nachgebildet wurde. Die Grube macht im Kontext der gesamten Anlage nur Sinn, wenn es sich einst um eine sogenannte »Fenestella«, also ein »Fensterchen« mit direktem Raumkontakt zum eigentlichen Grab mit dem Heiligenleib, handelte. Der merowingerzeitliche Sarkophag mit dem fast schon überrealistisch drapierten Heiligen befindet sich erst seit dem frühen 20. Jahrhundert in einer eigens dazu eingerichteten Krypta unter dem Chor. Es liegt die Vermutung nahe, dass er zuvor wie in St. Vitalis, Esslingen, in einem wie auch immer gestalteten Bodengrab ruhte.

Den oberen Abschluss des obertägigen »Pierre des Fous« bildet ein beeindruckender, wie die beiden größeren Platten des Unterbaus aus rötlichem Marmor gearbeiteter und zur Gewichtsreduktion an seiner Unterseite halbrund ausgehöhlter Deckelstein. Er scheint die Form eines etwa 45 Grad geneigten Satteldachs auf leicht abgeschrägtem Gesims nachzuahmen. Das Gesims ziert dabei auf beiden Langseiten ein durchgängiger Zopf. Die Oberseite des Deckelsteins ist durch erhaben gearbeitete ornamentalflorale Reliefverzierungen reich und ganz in der Art eines »Horror vacui« (der Angst vor dem »leeren«, ungestalteten Raum) gestaltet (Abb. 7).[25]

Abb 7: Ansicht des reich verzierten Deckelsteins des »Pierre des Fous«, angeblich aus dem ausgehenden 7. Jahrhunderts (oder jünger?)

Abb 8: Doppelreliquiensarg des 9. Jahrhunderts (?) aus Saint-Dizier-l'Évêque (Frankreich)

Die Datierung der Anlage erscheint insgesamt schwierig. Die Forschung tendiert wegen dem Bezug zur Desiderius-Legende und der bereits für das frühe 8. Jahrhundert gesicherten Verehrung des Heiligen zu einer Frühdatierung im (ausgehenden) 7. Jahrhundert. Für die ausgehende Merowingerzeit existieren allerdings nur wenige aussagekräftige Vergleichsbeispiele, insbesondere für die eigenwillige Gestaltung des Steindeckels. In der Frage könnte von Bedeutung sein, dass neben dem »Pierre des Fous« in Saint-Dizier noch eine zweite Reliquienkultanlage existiert. Der nun tatsächlich als monolithischer Steinsarkophag ausgeführte Behälter, dessen ursprüngliche Abdeckung verloren gegangen ist, besitzt interessanterweise zwei getrennte Kammern, die wahrscheinlich als doppeltes Reliquiendepot fungierten (Abb. 8). Es liegt nahe, dabei an den hl. Bischof Desiderius und dessen Diakon Regninfridum zu denken. Auch in diesem Falle scheint der Doppelsarkophag so konzipiert zu sein, dass man unter ihm hindurchkriechen konnte. Es stellt sich folglich die interessante Frage nach dem zeitlichen Verhältnis der beiden Anlagen. In der Lokalforschung wird er ins 9. Jahrhundert datiert, scheint aber nicht im Chor aufgestellt gewesen zu sein. Handelt es sich hierbei etwa um eine zweite, parallel zum älteren (?) Monument genutzte Einrichtung zur Heilung der Pilgerpatienten? Interessant ist auch die Verzierung des Marmorblocks, bei dem es sich vermutlich um eine antike Spolie handelt. Ob die dargestellten Blendnischen nur zufällig oder absichtlich an die Innenseite der Schlupfpforten des »Pierre des fous« erinnern, ist nicht zu beantworten.

# Die Materialität: Schrein oder Schein

Ein nicht unerhebliches Problem, das sich speziell für die Umsetzung auf dem Campus Galli ergab, betraf die Frage nach Material und Gestaltung des Schreins, der die Reliquien des Heiligen bergen soll. Die schriftliche Überlieferung erweist sich in der Hinsicht als keine wirkliche Hilfe: Zu unpräzise definiert sind die Angaben zum Aufbau der in den Archivalien genannten Schreine, wie eben auch beim Beispiel des Gallusschreins. Hinsichtlich der Materialität des Schreins sind – wenn überhaupt – vor allem edle Materialien genannt. So wurden die Reliquien in vielen Fällen in Seidenstoffe geborgen und die Hülle des Schreins mit Gold, Silber, Edelsteinen und antiken Gemmen gestaltet. Eine vage Vorstellung von der anzunehmenden Wertigkeit der Schreine um die Primärreliquien geben sicherlich die erhaltenen Kleinreliquiare, die zumeist nur Sekundärreliquien bergen. Dazu gehören so herausragende Kunstwerke wie etwa das um 650–675 (?) datierte Theudericus-

Abb 9: Reise-Reliquiar aus Ennabeuren aus der Mitte des 7. Jahrhunderts

Reliquiar in St. Maurice d'Agaune[26] oder das bursenförmige Reliquiar von Enger aus der 2. Hälfte des 8. Jahrhunderts.[27] Selbst die kleinsten Vertreter dieser Reliquiargattung zeigen zumindest vergoldete, teils mit Edel- oder auch Glassteinen besetzte Kupfer- oder Bronzeblechbeschläge um die hausförmig gearbeiteten Holzkerne (Abb. 9).[28] Demgegenüber erscheint das Grabmonument in Saint-Dizier geradezu »ärmlich« – und besticht doch durch seine reiche Gestaltung.

Da das Risiko eines Verlusts in der gegen Einbruch nur unzureichend gesicherten Anlage auf dem Campus Galli zu groß ist, um beispielsweise

Abb 10: 3D-Scan der Frontplatte und der seitlichen Bogensteine des Heiligenmonuments während der Bearbeitung durch Steinmetz Jens Lautenschlager

Edelmetall zu verwenden, bot das Grabmonument von Saint-Dizier eine geeignete Vorlage für die Gestaltungsart des Heiligenmonuments als reich gestaltete Werksteinkonstruktion. Mit Blick auf das Grabmonument in Molzbichl[29] entstand die Idee, den Schrein als länglichen, von sechs Säulen getragenen Baldachin mit pyramidaler Bedachung auszubilden. Die Konstruktion sollte den hölzernen Reliquiensarg überdecken.

Die Verzierung der Bogensteine über den kurzen Säulen sollte in Flachrelief nach Vorbild nachweislich merowingerzeitlicher Steinmetzarbeiten ausgeführt werden. Dazu eigneten sich wegen der Vielfalt ihrer Motive besonders die Chorschranken aus Saint-Pierre-aux-Nonnains in Metz, die aufgrund von Vergleichen mit Verzierungen auf merowingerzeitlichen Grabbeigaben um 600 datiert werden.[30] So diente einer der dortigen Schrankenpfeiler als Vorlage für den von Hans Lässig gestalteten Entwurf für die aus Doppelhenkelkannen emporwachsenden Ranken an der Frontplatte. Auch für die ornamentale Gestaltung der Seitenteile sowie an der Rückplatte konnte sich Steinmetz Jens Lautenschlager an einem Schrankenpfeiler aus Metz bedienen (Abb. 10). Die verwendeten Motive finden sich regelhaft an Reliquiaren, wie etwa die sechsblättrigen »Blüten« oder »Rosetten«, die als endlos weiterführbares Zirkelschlagmotiv ein Symbol der Unendlichkeit und damit zugleich des Paradieses darstellen. Dasselbe gilt für den sogenannten »Salomonsknoten«, der im Grunde gar kein Knoten ist, sondern aus zwei sich kreuzförmig überschneidenden Ovalen gebildet wird.

## Der »Gallussarg« und ein seltsamer Begriffsmix

Auf der Werksteinplatte des Unterbaus steht nun der Holzsarkophag des hl. Gallus, den Schreiner Malte Sinning konzipiert und angefertigt hat. Bei den Recherchen zu Material und Ausformung des »Sarges« zeigte sich erneut das Problem der Unschärfe der schriftlichen Überlieferung. In Strabos *Vita sancti Galli* finden sich gleich eine ganze Reihe an Begriffen für die Art und Weise, wie Gallus in seinem Bethaus bestattet wurde. Dabei erscheint der Begriff *tumulus* noch recht eindeutig und meint offenbar das Grab als Ganzes, d.h. als Grabgrube mit Inhalt. Ebenso der Begriff *fossam*, der hier tatsächlich die Raubgrabgrube Erchonalds benennt: die deutsche Übersetzung der Gallusvita geht hier interpretatorisch von dem geöffneten »Erdgrab« des Gallus aus. Zugeschüttet wurde aber die Grube der Grabräuber, die, archäologisch betrachtet, nicht zwingend mit der Grabgrube der Gallusbestattung übereinstimmen muss! Dann aber wird es schwierig: Wie aus dem inhaltlichen Kontext eindeutig zu erschließen ist, nutzte Strabo synonym die Begriffe *loculum*, *arca* und *sarcofagum*[31] für ein und denselben Gegenstand. So wird an keiner Stelle näher beschrieben, wie das eigentliche Grabbehältnis, in dem sich der Leichnam des Heiligen befand, beschaffen war – weder formal noch materiell. Während *loculum* in den Schriftquellen zumeist neutral die »Örtlichkeit«, an dem eine besonders verehrte Person oder eben der Heilige begraben liegt, bezeichnet, bezieht sich der Begriff *arca* in aller Regel auf einen konkreten Gegenstand, wie eine Kiste, Truhe, Schränkchen, oder eben einen Schrein. Im Wort *sarcofagum* ist der dingliche Bezug bereits an den tradierten Begriffen wie Sarkophag oder Sarg dagegen leicht zu erkennen. Als »Sarg« würde man nach heutiger Terminologie am ehesten eine aus mehreren Brettern gezimmerte, zweiteilige Holzkiste, bestehend aus Sarg und Sargdeckel beschreiben. Neben diesen unterschiedlich geformten Holzkisten waren bei den merowingerzeitlichen Alamannen (u.a. Seitingen-Oberflacht im Lkr. Tuttlingen) aber auch zweiteilige »monolignische« Baumsärge gebräuchlich. Sie erinnern formal entfernt an die mit rundlichen Deckeln versehenen monolithischen Steinsarkophage, wie sie im Frühmittelalter im Frankenreich weit verbreitet waren (z.B. Civeaux im Poitou, Quarée les Tombes in Burgund, aber auch in St. Ursanne im Schweizer Jura), im 6./7. Jahrhundert in Alemannien jedoch nur äußerst selten vorkommen. Hier finden sich als massive Varianten eher ausgemauerte oder mit Steinplatten umstellte Grabgruben mit mehrteiligen oder (selten) monolithischen Abdeckungen. In diesen massiven Steinplattengräbern oder auch hölzernen Grabkammern können die Toten beispielsweise in einem Leichentuch direkt bestattet worden sein oder aber in einem zu-

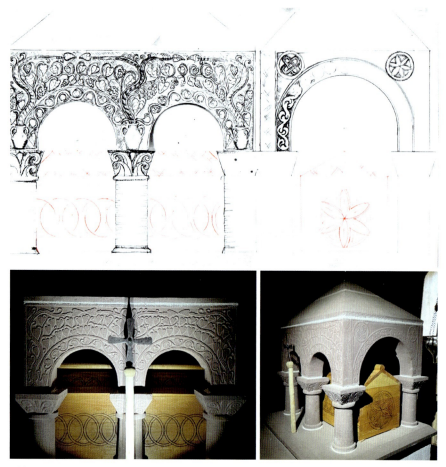

Abb 11: Entwurf zur Gestaltung des Holzsarges durch Hans Lässig und Ausführung durch Malte Sinning (beide Campus Galli) unter dem Baldachin des Heiligenmonuments

sätzlichen Behälter, wie Bett oder Sarg. Steinsarkophage sind im alemannischen Bodenseeraum des 7. Jahrhunderts folglich kaum zu erwarten, sodass bezüglich des ursprünglichen »Sargs«, in dem der Leichnam des Gallus bestattet wurde, eher von einem hölzernen Konstrukt auszugehen ist. Bleibt die nicht zu beantwortende Frage, ob es sich um einen geschreinerten Holzsarg oder um einen Baumsarg gehandelt hat. Auf dem Campus Galli wurde beschlossen, den Sarg in Form einer schlichten, hausförmigen Holzkiste zu zimmern. Die stabförmige Gestaltung des »Dachfirstes« spielt dabei bewusst auf die doppelköpfigen Schlangen der alamannischen Baumsärge an. Er findet aber auch in der Gestaltung des Steinsarkophags des hl. Ursicinus von Saint-Ursanne in der Schweiz ein steinernes Vorbild – ein dezenter Hinweis auf einen Klosterort, dessen Geschichte teils frappierend an St. Gallen erinnert. Aus Platzgründen ergab sich für das Heiligengrab auf dem Campus Galli die Notwendigkeit, den Sarg in verkleinerter Form anzufertigen. So steht der kleine Reliquiensarg zugleich einem Reliquiar nahe. Dies erscheint auch gar nicht so unrealistisch. Denn es ist kaum anzunehmen, dass der ursprüngliche »Sarg« mit den sterblichen Überresten des gegen 630 begrabenen Heiligen aus dem geschändeten Grab nach mehr als 40 Jahren noch so intakt war, dass er ausgestellt werden konnte. Vermutlich musste einst auch für das originale Hochgrab des Gallus ein neuer Sarg/Sarkophag angefertigt werden.[32]

Natürlich ergab sich schon während der Fertigung des Sarges die Frage nach einer möglichen Gestaltung des hölzernen Reliquiensarges. Tatsächlich zeigen die wenigen erhaltenen Beispiele, wie etwa der berühmte Eichensarg des hl. Cuthbert von Lindisfarne, welcher 687 verstarb und bei der Erhebung seiner sterblichen Überreste 699 durch die Klostermönche mit »unversehrtem Körper« angetroffen wurde (ein »Beleg« seiner Heiligkeit!), reichhaltige Verzierungen. Im Falle des Cuthbert-Sarges, der als Hochgrab neben dem Altar aufgestellt wurde und sich heute in rekonstruierter Form in der Kathedrale von Durham/Essex befindet, handelt es sich bei den Gravuren um ein ausgeklügeltes Bildprogramm mit dem von den vier Animalia umgebenen Christus auf dem Sargdeckel, die zwölf Apostel und fünf Engelsgestalten an den Langseiten, die Erzengel Michael und Gabriel sowie die Madonna mit Christuskind.[33] Da aber beispielsweise der Steinsarkophag des hl. Willibrord in Echternach nur ornamentale Verzierungen aufwies, wurde auf dem Campus Galli beschlossen, sich formal mehr nach diesem Vorbild zu richten. Die Giebelgestaltung des Sarges folgt dagegen dem Giebel des hölzernen Bettes aus einer der sogenannten Hofgrablegen in der Siedlung Lauchheim-Mittelhofen aus der Zeit um 700. Dort fand sich eine Gravur in Form einer sechsblättrigen Rosette, die wiederum einen formalen Bezug zum steinernen Schrein bot (Abb. 11). Nach langer Diskussion entschied sich der Bauausschuss endlich, die Gravuren durch rußpigmentierte Farbe zu betonen. Vergleichbare Gestaltungen mit roten oder schwarzen Farbpigmenten sind auch von anderen frühmittelalterlichen Holzobjekten her bekannt.

## Das Altarkreuz

Als Ersatz für das hohe Altarkreuz, das 2013 in einem symbolträchtigen Akt vor Baubeginn der Holzkirche feierlich aufgestellt und bis zu Errichtung des Heiligengrabmonuments hinter dem Altar untergebracht war, wurde beschlossen, ein schlankeres Vortragekreuz an der Nahtstelle zwischen Altar und Heiligengrab einzufügen. Das Kreuz wie auch die Halterung wurden bewusst so gestaltet, dass man es leicht für etwaige Prozessionen entnehmen könnte. Das neue Kreuz wurde nach erneuter Diskussion bezüglich der Wertigkeit des Materials und der damit verbundenen Gefahr des Diebstahls als schlichtes Holzkreuz ausgeführt. 2024 wurde das Holzkreuz dann doch noch vergoldet, wie in dem Beitrag von Hannes Napierala und Lara Reisigl-Domeneghetti in diesem Heft näher ausgeführt wird. So verleiht das goldene Vortragekreuz heute der Gesamtanlage des Heiligengrabmonuments auch optisch den Anschein höchster materieller Wertigkeit, die man bei der Anlage eines frühmittelalterlichen Heiligenschreins voraussetzen darf.

1 Alfons Zettler: Gallusgrab und Gallusschrein im frühen Mittelalter. Zugleich ein Beitrag zum Verständnis des karolingischen Klosterplans von St. Gallen. In: Franziska Schnoor, Karl Schmuki, Ernst Tremp, Peter Erhart und Jakob Kuratli Hüeblin (Hrsg.): Gallus und seine Zeit. Leben, Wirken, Nachleben. Monasterium Sancti Galli 7, St. Gallen 2015, S. 283–308, hier S. 284 ff.
2 Walter Berschin: Gallus abbas vindicatus. In: Ders.: Mittellateinische Studien, Heidelberg 2005, S. 39–56, hier S. 47ff.
3 Raphael Schwitter: Zur Entstehungszeit der ältesten Teile der Vita s.Galli. In: Mittellateinisches Jahrbuch 46 (2011), S. 185–200.
4 Zu dieser Zeit (829–838) war Walahfrid Strabo Kappelan der Kaiserin Judith am Hof Kaiser Ludwigs des Frommen in Aachen.
5 Tino Licht: Neue Beobachtungen zu Schriftgeschichte, Wortlaut und Rezeption des St. Galler Klosterplans. In: Wolfgang Zimmermann, Olaf Siart und Marvin Gedigk (Hrsg.): Die Klosterinsel Reichenau im Mittelalter. Geschichte – Kunst – Architektur, Regensburg 2024, S. 166–175. Siehe auch: Jonas Narchi: Der St. Galler Klosterplan: Blaupause, Idealplan oder Schulübung? https://www.uni-heidelberg.de/fakultaeten/philosophie/zegk/mlat/klosterplan.html (letzter Aufruf am 31.1.2024).
6 Walahfrid Strabo: Vita sancti Galli. Das Leben des heiligen Gallus, Stuttgart 2012, S. 104–107.
7 Ebda, S.118–121 (Buch 2, Kapitel 1).
8 Guido Faccani: Bauplastik des 1. Jahrtausends aus St. Gallen Kathedrale, Gallusplatz, Klosterhof, St. Mangen Archäologie im Kanton St. Gallen 2, St. Gallen 2021, S. 23–25.
Martin Schindler (St. Gallen)/Guido Faccani (Basel/Mainz): Archäologische Überlegungen zur Galluszelle und den frühen Klosterbauten in St. Gallen. Vortrag an der Tagung »Die mittelalterliche Klosteranlage – neue Forschungen, neue Themen«. Internationale Konferenz in Müstair, Claustra San Jon, 2.–5. Mai 2024, Veranstaltet vom Kompetenzzentrum SAVAIR und dem Kunsthistorischen Institut der Universität Zürich, Leitung: Bernd Nicolai und Carola Jäggi.
10 Also rund 125 Jahre vor der Zeichnung der Abteikirche im St. Galler Klosterplan (825/826) und rund 130 Jahre vor Baubeginn des Gozbertbaus, der großen Abteikirche in St. Gallen (830–837).
11 Joseph Braun S.J.: Der christliche Altar in seiner geschichtlichen Entwicklung, München 1924, Erster Band, S. 193.
12 Walahfrid Strabo: Vita sancti Galli. Das Leben des heiligen Gallus, Stuttgart 2012, S. 48f.
13 Hilde Claussen und Uwe Lobbedey: Heiligengräber im Frankenreich, Fulda 2016, S. 70.
14 Claussen/Lobbedey (wie Anm. 13), S. 68f.
15 Günter P. Fehring und Barbara Scholkmann: Die Stadtkirche St. Dionysius in Esslingen am Neckar, Archäologie und Baugeschichte I. Forschungen und Berichte der Archäologie des Mittelalters in Baden-Württemberg Band 13/1, Stuttgart 1995, S. 46f.
16 Claussen/Lobbedey (wie Anm. 13), S. 68f.
17 Kurt Karpf: Frühmittelalterliche Flechtwerksteine in Karantanien, Innsbruck 2001, S. 31–35; Paul Gleirscher: Die karolingischen Flechtwerksteine aus Karantanien, Klagenfurth am Wörthersee 2019, S. 28–30. Im Unterschied zur ersten Rekonstruktion der Kirche bei Karpf (s.o.), die das Heiligengrab ohne und den Altar mit Baldachin, sieht Gleirscher den Baldachin über dem Heiligengrab. Diese Variante wurde dann auch im Museum in Molzbichel umgesetzt und diente somit als Ideengeber für das Heiligenmonument auf dem Campus Galli.
18 Die Chorschranke der Molzbichler Kirche stand bereits für die hölzerne Chorschranke auf dem Campus Galli Pate. Siehe Tilmann Marstaller: Die hölzerne Chorschranke in der Holzkirche des Campus Galli und ihre wissenschaftliche Herleitung, Freundeskreis Karolingische Klosterstadt (Hrsg.): Karolingische Klosterstadt Meßkirch – Chronik 2018: Dokumentation einer Zeitreise auf dem Campus Galli, S. 8–29.
19 Jean Krier: Echternach und das Kloster des hl. Willibrord. In: Die Franken. Wegbereiter Europas. Ausstellungskatalog 1996 (Mainz 1996), S. 466–478 und S. 925–927.
20 Ursicinus war wie Gallus ein Gefährte des hl. Columban und ließ sich im frühen 7. Jh. in einer Einsiedelei nieder. Diese befand sich oberhalb des um die Mitte des 7. Jh.s gegründeten Klosters von St. Ursanne. Die erhaltene spätromanische Stiftskirche deutet mit ihrer Vierstützenkrypta Bezüge zur karolingischen Anlage in St. Gallen an.
21 Joseph Braun S.J.: Der christliche Altar in seiner geschichtlichen Entwicklung, München 1924, Erster Band, S. 209.
22 Saint-Dizier-l'Évêque. Der »Stein der Verrückten« aus dem 7. Jahrhundert.

Mythische Orte am Oberrhein. Siehe: www.mythische-orte.eu. Zuletzt aufgerufen am 8.2.2025.

23 So schenkte 735/37 Graf Eberhard von Elsass die Kirche mit den Märtyrergräbern an das von ihm gemeinsam mit Pirmin gegründete Kloster Murbach. Siehe: Saint-Dizier l'Évêque (wie Anm. 13).

24 https://www.encyclopedia.com/religion/encyclopedias-almanacs-transcripts-and-maps/desiderius-rhodonensis-st; letzter Aufruf 8.2.2025.

25 Die eine Dachseite zeigt eine durchgängige Arkatur auf Pfeilern, welche kerbschnittartig gearbeitete Kreuzvariationen aufweisen. Im mittleren Bereich trägt die Bogenstellung überkreuzte »Sparrendreiecke«, durch die sich schlangenartig eine Ranke windet. Innerhalb der »Sparrendreiecke« bildet sie hängende, entfernt an Trauben erinnernde Blüten oder Früchte aus, um schließlich am linken Ende mit liegenden, palmettenartig gestalteten Blütendolden (?) die Sparrendreiecke zu überwuchern. Auf der anderen Dachseite findet sich keine durchgängige Ranke, sondern zwei Zeilen kettenartig miteinander verwobener, herzförmiger Einzelschlaufen, die in stehenden (untere Zeile) oder hängenden (obere Zeile) Blüten enden. Letztlich sind es die wiederum teilweise palmettenartigen Blüten und die perlenbesetzten Rankenbänder, welche die beiden Dachseiten des Deckelsteins formal miteinander verbinden.

26 Pierre Alain Mariaux und Romain Jeanneret: V.07 Reliquienschrein des Theudericus. In: Holger Kempkens und Christiane Ruhmann (Hrsg.): Corvey und das Erbe der Antike. Kaiser, Klöster und Kulturtransfer im Mittelalter, Petersberg 2024, S. 491–493.

27 Dorothee Kemper: Die Reliquienburse aus Enger. Technik, Materialien, Kontext. In: Kempkens und Ruhmann 2024 (wie Anm. 17), S. 464–473.

28 Dieter Quast: Das merowingische Reliquienkästchen aus Ennabeuren. Eine Studie zu den frühmittelalterlichen Reiserelquiaren und Chrismalia (Kataloge Vor- und Frühgeschichtlicher Altertümer 43), Mainz 2012.

29 Gleirscher 2019 (wie Anm. 17), S. 29.

30 Madeleine Will: Die ehemalige Abteikirche St. Peter zu Metz und ihre frühmittelalterlichen Schrankenelemente, Diss. Bonn 2001. Onlinepublikation: https://bonndoc.ulb.uni-bonn.de/xmlui/handle/20.500.11811/1734 (letzter Aufruf 12.2.2025).

31 Strabo, Vita sancti Galli, S. 118. Die Begrifflichkeiten sind irritierend, zumal Strabo später mit »arca« offenkundig den Heiligenschrein (=> S. 120) benennt.

32 Bei der überlieferten Geschichte des Gallusgrabes ist zu beachten, dass zwischen dem Begräbnis des Gallus und dem Grabfrevel mit anschließender Bergung und Erhebung der Reliquien durch Bischof Boso schon einige Jahre vergangen waren.

33 Ausführliche Abbildungen zu finden bei http://csla.history.ox.ac.uk/record.php?recid=E08343 (zuletzt aufgerufen am 14.2.2025).

# Bau des Abtshof-Nebengebäudes

Aurel von Schroeder, Zimmerermeister Campus Galli

Das Abtshof-Nebengebäude ist das erste Gebäude auf dem Campus Galli, das mit Stein gebaut wurde. Zum Teil zumindest. Bei der Planung haben wir uns intensiv über die Nutzung und die Materialität Gedanken gemacht, denn die Materialien, mit ihren unterschiedlichen Eigenschaften, sollten die Nutzung der Räumlichkeiten sinnvoll unterstützen. Aus diesen Überlegungen ergab sich als ideale Variante eine Kombination aus Holz- und Steinbau.

Die Küche und das Lager sollten massiv gemauert werden; zum einen aus Brandschutz- und zum anderen aus Temperaturgründen. Die Badestube hingegen sollte aus Holz errichtet werden, da ein Raum, in dem man sich »badet«, etwas behaglicher sein darf. Leider ist nicht bekannt, wie man sich im 9. Jahrhundert im Kloster gewaschen hat. Da Holz der wärmere Werkstoff ist, der besser isoliert, wundert es nicht, dass die warmen Stuben auch in späterer Zeit häufig mit dicken Holzbohlen ausgeblockt waren – selbst in Steingebäuden. So lag es nahe, auch für das *balneatorium* (Badstube) diese Ausführung zu wählen. Die Schlafkammern im hinteren Teil des Hauses sollten aus Fachwerk entstehen, in bewährter Lehm-Flechtwerk-Technik. Ein Steinbau war schon im Mittelalter aufwendiger und damit teurer als ein Holzbau. Eine Mischbauweise, bei der die Maurerarbeiten auf das Wesentliche reduziert sind, kam uns entgegen, da wir bis dahin nur wenig Erfahrung mit Massivbau hatten – und zudem ist es eine authentische Variante.

Beim Holzbau verfügen wir über deutlich mehr Erfahrung. Darüber hinaus sind die Vorbereitungsarbeiten beim Holzbau ebenfalls besser möglich als beim Steinbau. Eine Holzwand kann beispielsweise abseits des Bauplatzes fertig abgebunden werden, dagegen muss eine Steinmauer naturgemäß vor Ort gesetzt werden. Außerdem können Maurerarbeiten nicht bei Frost ausgeführt werden, was umgekehrt bedeutet, dass man einen größeren Zeitraum im Jahr mit Holz arbeiten kann, als mit Mörtel. So war schnell klar, dass wir mit dem Holzbau beginnen würden, bevor die Maurerarbeiten starteten. Die Badestube wurde so geplant, dass sie statisch für sich allein stehen kann und nicht den Steinbau benötigt, um Halt zu finden. Deshalb war es möglich, mit der Badestube zu beginnen. Sie sollte später mit Lehmputz und Kalkfarbe dem Mauerwerk optisch angepasst werden, sodass das Gebäude trotz aller Materialunterschiede eine Einheit bildet. Zudem dient der Lehmputz als Winddichtung der Wandboh-

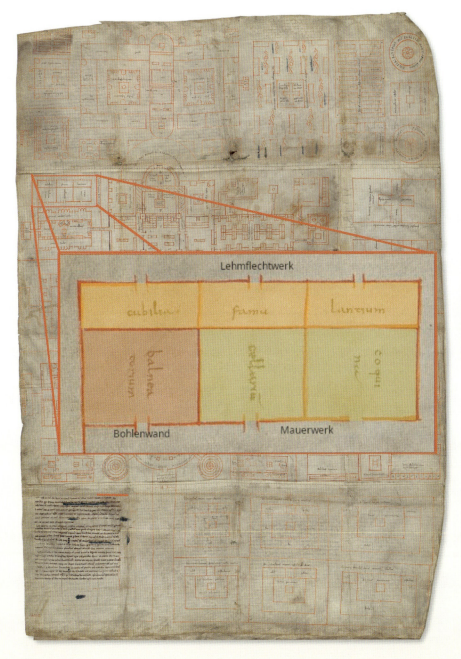

len, um die Fugen nach außen zu reduzieren.

Als all das geklärt war, wurde mit dem Roden und den Fundamenten begonnen. Letztere wurden in Trockenbauweise ausgeführt, d.h. es wurde kein Mörtel verwendet, um aufsteigende Feuchtigkeit zu reduzieren. Es sind Streifenfundamente im Mauerwerksbereich und Punktfundamente im Holzbaubereich hergestellt worden.

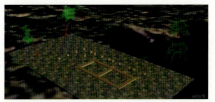

Nachdem die Bauhölzer vorbereitet waren und der Abbund abgeschlossen war, fingen wir mit dem Gerüst und den Bauteilen der Badestube an. Jede Wand wurde in Einzelteilen aufgestellt und nicht als gesamte Wand. Aufgerichtet wurde mit Schwalben, wie wir es schon bei der Scheune erfolgreich durchgeführt hatten.

Ausschnitt Klosterplan von St. Gallen

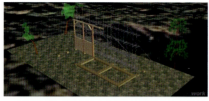

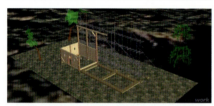

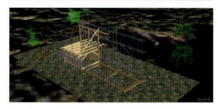

Wir wollten die Badestube gleich so weit fertigstellen, dass sie mit Schindeln gedeckt werden konnte, um den Holzbau vor Regen zu schützen.

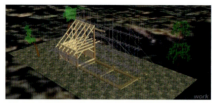

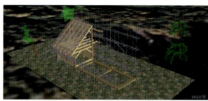

Die Überlegungen zum Mauern führten uns zu der Frage der Wetterbeständigkeit während der Maurerarbeiten. Vor allem über den Winter müssen das Mauerwerk und der Mörtel vor Feuchtigkeit geschützt sein, um Frostsprengung zu verhindern. In einer Sommersaison ist das nicht zu realisieren, denn die gesamte Wandhöhe lässt sich nicht am Stück mauern, da der Mörtel kein moderner Zementmörtel ist, der nach vier Wochen maximal belastbar wäre, sondern es handelt sich um einen Luftkalkmörtel. Dieser härtet durch den Kontakt mit Luft (mit dem Kohlendioxid in der Luft) aus und benötigt je nach Höhe die entsprechende Anzahl von Jahren, um seine Endfestigkeit zu erreichen.

Wie sollen wir also die Mauer vor Regen und dem Frost im Winter schützen? Gibt es Quellen, die darüber Aufschluss geben, wie es im Frühmittelalter üblich war? Was ist für uns am praktikabelsten? Wir haben einen Museumsbetrieb mit vielen tausend Gästen im Jahr, die gerne Maurerarbeiten sehen möchten. Es gibt Ehrenamtliche, die uns unterstützen und sich dafür Urlaub nehmen. Uns war schnell klar: Wir müssen eine Möglichkeit schaffen, um auch bei schlechtem Wetter arbeiten zu können. Also bauten wir ein Notdach! Immer über der Stelle an der gerade gearbeitet wird. Aber ist das nicht zu aufwendig? Aufbauen, abbauen, umbauen, umdecken. Kann man Module fertigen, die händisch umzusetzen sind? Oder sind sie zu schwer, um bewegt zu werden? Das Töpferdach wird bei einem Ofenbrand ständig von uns umgesetzt, da es sonst Feuer fangen würde. Daher wissen wir, wie schnell kleine Konstruktionen unhandlich werden!

All diese Gedanken führen zu einer logischen Lösung: das Dach des Abtshof-Nebengebäudes zuerst zu errichten und von unten die Wände dagegen zu mauern.

Diese Variante besitzt viele Vorteile: Schutz beim Mauern bei Regen und brennender Sonne, Gewähr eines lückenlosen Museumsbetriebs, keine bzw. wenig Umbauten, Schutzdach im Winter. Aber ist das auch authentisch? Hat man das früher auch so gemacht? Ist es zu »modern« gedacht? Ist es möglicherweise für den Mörtel von Vorteil, feucht zu bleiben, um besser auszuhärten? Fragen über Fragen, die wir nicht mit Gewissheit beantworten können. Es galt, Erfahrungen zu sammeln, indem wir es versuchen. Also haben die Argumente für das Dach überwogen und die Entscheidung stand fest!

Nach Rücksprache mit unseren Bauingenieuren begannen wir, die Auflagehölzer für die Dachsparren von der Badestube aus zu verlängern und mit temporären Stützen abzusichern. Die Holzverbindungen der durchgehenden Längshölzer wurden bereits beim Abbinden auf dem Abbundplatz so vorbereitet, dass diese Richtreihenfolge gelang. Also mussten alle Überlegungen bezüglich des Richtvorgangs während der Werkplanung, also während dem Erstellen der Holzbaupläne, stattfinden.

Bevor wir allerdings mit den Längshölzern beginnen konnten, mussten wir die Sandsteingewände der Eingangstüren im Steinteil setzen, da die mehrere hundert Kilo schweren Monolithen senkrecht in Kalkmörtel gesetzt werden mussten. Dafür konstruierten wir eine Hebevorrichtung für unseren Flaschenzug. Dies wäre nicht mehr möglich gewesen, wenn das Längsholz, welches über den Gewänden in Wand-

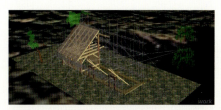
Setzen der Sandsteingewände

Montieren der Längshölzer

Montieren der Längshölzer

längsrichtung liegt, schon vorher montiert gewesen wäre.

Nachdem die Gewände gesichert waren und nicht mehr umfallen konnten, ging es mit den Dachbauteilen weiter.

Wir richteten das Dach von der Badestube her Richtung Küche auf.

Nun begannen die Maurer mit ihrer Arbeit.

Die Zimmerleute führten die Arbeiten auf der Hinterseite des Gebäudes weiter. Dazu war der Abbau des Baugerüsts vonnöten. Allerdings musste vorab die Wand am »Firstgiebel« verlehmt und gekalkt werden, da sie zu einem späteren Zeitpunkt nur noch mit großem Aufwand zu erreichen gewesen wäre.

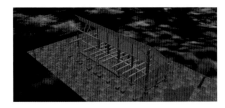

Nun wurden die Kammern in Fachwerkbauweise aufgestellt und das Dach gleich mit Schindeln gedeckt.

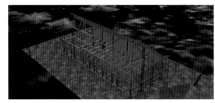

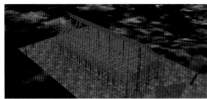

Die Abstrebung, die den Firstbalken trägt, durchdringt das Dach auf der Hinterseite. Wenn die Mauer fertiggestellt ist und die Lasten des Daches aufnehmen kann, wird die Abstrebung zurückgebaut und das Dach fertig gedeckt.

Die Holzbauarbeiten an der Grundkonstruktion waren somit abgeschlossen. Es wurden nun die Lehmflechtwerkwände und der Lehmputz mit der Kalkfarbe aufgebracht. Im Inneren wurden die Deckenhölzer gefertigt, die Türen und Fensterrahmen sowie deren Verschlüsse gebaut.

Die Maurer hatten im ersten Jahr etwa kniehoch gemauert. Im zweiten Jahr bis unterhalb der Schwellhölzer des ersten Geschosses. Und

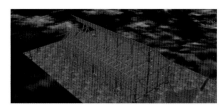

Fertige Lehmwände

im dritten Jahr werden sie es voraussichtlich bis unter die Firstbalken schaffen.

Für das Mauern in der Höhe wird auf der Rückseite und am Südgiebel wieder ein Baugerüst nötig sein. Die schweren Lasten der Steine und der Mörtelmollen werden wir mithilfe einer Umlenkrolle nach oben transportieren. Sobald die Maurerarbeiten fertiggestellt sind, wird das Mauerwerk von außen mit einem Kalkputz als Schutz- und Verlustschicht versehen, um die Mauersteine vor Feuchtigkeit und somit vor Frostsprengungen im Winter zu schützen.

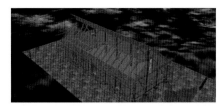

Eingebrachte Holzbalkendecke

Erste Maurersaison, etwa kniehohe Mauer

Zweite Maurersaison: Die Mauer trägt die Lasten des Daches traufseitig. Die Abstrebungen können demontiert werden.

Dritte Maurersaison: Ziel ist es, die Maurerarbeiten im Jahr 2025 abzuschließen

Fertiggestelltes Abtshof-Nebengebäude nach drei Maurersaisons und einer Vorbereitungssaison für den Holzbau, in Summe also vier Sommer = 28 Monate Bauzeit

## Fazit

Mit Blick auf die Holzbauarbeiten hat der Bau des Abtshof-Nebengebäudes ohne Weiteres sehr gut geklappt. Wenn es uns gelingt, den Prozess des Aufstellens schon im Vorhinein zu überblicken, können wir die auftretenden Schwierigkeiten frühzeitig erkennen und entsprechend handeln. Dies ist uns bei diesem Gebäude gelungen, wobei zu sagen ist, dass der planerische Teil der anspruchsvollste war. Die Mischbauweise mit Holz und Stein stellte eine erhöhte Anforderung an die Konstruktionsplanung, da die Bauteilachsen und -fugen nicht immer einheitlich verlaufen. D.h. sie verspringen, man muss den Überblick darüber behalten, wie weit die Wand geht, wo sie aufhört. Geht sie durch den Materialwechsel etwas versetzt weiter? Einfacher ist es, einheitlich zu bauen. Die vielen Erfahrungen, die wir nun bisher sammeln durften, können wir in die Planung und Ausführung kommender Gebäude einfließen lassen. So wird es uns immer besser gelingen, die Konstruktionen weitsichtig zu planen und umzusetzen. Die Erfahrungen, mit Steinen Häuser zu bauen, haben erst begonnen. Nicht nur die Infrastruktur wie Mollen, Kellen, Böcke, Gerüste, Bohlen, Hacken zum Mörtel mischen, Wasserverfügbarkeit, ausreichend Arbeitskräfte, Hebezeug wie Umlenkrollen oder Flaschenzüge, dicke Seile, um die Lasten zu heben, sind notwendig und müssen erst einmal hergestellt werden, um die Umsetzung flüssig und gefahrlos leisten zu können. Ebenso die behördlichen Gänge wie z.B. die Zulassung des Mörtels stellen uns vor spannende Herausforderungen. Welcher Weg uns ans Ziel führt, muss immer wieder überprüft, reflektiert und vielleicht auch infrage gestellt werden. Vielleicht muss auch mal zurückgegangen werden, um dann den richtigen Weg zu finden. Campus Galli wächst sowohl im Äußeren als auch im Inneren. Mehr Wissen und Erfahrung erlaubt es uns, den Klosterplan zu bauen und am Ende alle damit zu bereichern.

# »Hilfsmittel, ... damit sie seinen Besitz bewahren und verteidigen«
## Die Vita s. Galli des Walahfrid Strabo als Instrument des Wirtschaftmanagements
Johanna Jebe

**B**estseller des Mittelalters – fremde Texte heute

Erzählungen über heilige Menschen und ihre Wundertaten gehören zu denjenigen Texten aus dem Mittelalter, mit denen sich moderne Menschen wahrscheinlich am schwersten tun: Wie sollen wir beispielsweise die Berichte über Wunderheilungen deuten? Haben mittelalterliche Menschen das »etwa geglaubt«? Finden wir einen »historischen Kern« hinter den Erzählungen? Selbst die Geschichtswissenschaft hat diese Quellengruppe, die sie unter den Fachbegriff der Hagiographie fasst (griechisch: hagios = heilig, graphein = schreiben), bis weit ins 20. Jahrhundert hinein als historisch weitgehend wertlos abgetan.

Dieses in unseren eigenen Denkmustern begründete Unverständnis droht damit jedoch, den Blick auf eine der vielseitigsten und faszinierendsten Textgattungen des Mittelalters zu versperren. Hagiographische Texte waren quasi die »Bestseller« ihrer Zeit. In den Klöstern wurden sie täglich beim Essen, in den Abendstunden und in Einzellektüre gelesen, sie wurden tausendfach abgeschrieben, gesammelt, umgestellt, überarbeitet und neu verfasst – allein in der St. Galler Stiftsbibliothek liegen aus der Zeit vor 900 immerhin noch 32 Handschriften und sechs Fragmente mit unzähligen Heiligentexten. Sie repräsentieren tatsächlich diejenigen Bücher, die zur Entstehungszeit des Klosterplans tagtäglich gelesen worden sind. Und Hagiographie richtete sich bei Weitem nicht nur an Mönche. Am Gedenktag des heiligen Gallus kamen z.B. auch die Laien, die das Klosterland bewirtschafteten, nach St. Gallen und hörten dort die Erzählungen über »ihren« Heiligen und sein Wirken.

Die besondere Faszination hagiographischer Texte liegt für die aktuelle Forschung allerdings noch stärker darin begründet, dass mittelalterliche Menschen diese Gattung in höchstem Maße flexibel für ganz unterschiedliche Interessen einzusetzen und zu formen wussten. So hat ein hagiographischer Text selten nur eine Funktion, wie etwa die Verbreitung des Galluskultes, sondern konnte quasi als multifunktionaler Problemlöser gleichzeitig für ganz unterschiedliche Herausforderungen der Gegenwart eingesetzt werden. Ich möchte Sie daher im Folgenden dazu einladen, diese Texte in ihrer Zeit ernst zu nehmen und sich mit mir auf eine Entdeckungsreise einzulassen, welche konkreten und teils sehr praktischen Funktionen so eine Heiligenschrift in der Lebenswelt des 9. Jahrhunderts erfüllen konnte.

## Wirtschaftsmanagement durch Hagiographie

Ein eindrückliches Beispiel für sehr handfeste Funktionen bietet die Vita des heiligen Gallus von Walahfrid Strabo. Der St. Galler Konvent beauftragte den im Nachbarkloster Reichenau aufgewachsenen Ausnahmedichter 833/834 mit dieser Version des Lebens und der Wunder des Klosterpatrons, obwohl gerade erst zehn bis 15 Jahre vorher schon der Reichenauer Klosterlehrer Wetti die Neufassung einer noch älteren Vita vorgelegt hatte. Die Forschung hat daher viel über die Veränderungen zwischen der Walahfrid- und der Wetti-Fassung nachgedacht. Allerdings hat sie sich selten ernsthaft dafür interessiert, dass der hochbegabte Walahfrid insbesondere den zweiten Teil über die Wunderberichte entscheidend verlängert und umgearbeitet hat. Zudem hatte der St. Galler Konvent für diesen Teil umfassendes Vorlagematerial zur Verfügung gestellt (*Vita s. Galli* II, c. 9). Die Mirakelberichte waren also anscheinend so wichtig, dass sich nicht nur einer der brillantesten Literaten seiner Zeit intensiv damit beschäftigte, sondern auch die Verantwortungsträger im Galluskloster dieses Wissen explizit in die Vita eingearbeitet haben wollten.

Lassen wir uns dementsprechend ohne ein engführendes Vorverständnis als »schlichte fromme Texte« auf Walahfrids Wunderteil ein, so fällt zunächst die hohe Zahl von Strafwundern auf, die all jene ereilen, die Land, Naturalien und selbst kleinere Güter aus dem Klosterbesitz entwenden oder beschädigen.

Die Beispiele beginnen bei hohen weltlichen und geistlichen Machthabern, wenden sich aber schnell hin zum ganz konkreten Lebensalltag auf dem Land: So hatte St. Gallen wohl Probleme mit Wilderern und unbefugtem Holzschlag. Einem Mann, der immer wieder kleine Mengen Holz in einem Wald des Klosters fällte, blieb der Vita zufolge eines Tages plötzlich das Schwert in der Hand haften, sodass er es nicht mehr ablegen konnte. Sich des Grundes für die Strafe sofort bewusst, lief er in eine der für Gallus errichteten Kirchen und konnte nach langem

Gebet seine Hand wieder befreien (*Vita s. Galli* II, c. 20). Allerdings dachte sich der ausgefuchste – oder schlicht notleidende – Dieb, dass das ohnehin geschlagene Holz ja nun doch zu schade zum Verrotten sei ... und bezahlte diesen neuerlichen Versuch der Besitzaneignung mit schwersten Rückenschmerzen (die stark nach einem Hexenschuss klingen) und mit der erneut untrennbaren Fesselung an sein Schwert. Nur ein Eid *und* Gelübde, dem Besitz des Gallus nie wieder zu schaden, führten am Ende zur Loslösung des schmerzhaft verkrampften Griffes.

Wie real diese Probleme im 9. Jahrhundert gewesen sein müssen, sieht man daran, dass die Vita sogar noch eine narrative Brücke in die unmittelbare Lebensgegenwart schlägt: Das Schwert sei zur Mahnung aufgehängt worden und habe lange Zeit all denjenigen »großen Schrecken« eingejagt, die sich am Besitz des Klosters vergreifen wollten.

Ähnlich öffentlichkeitswirksam funktioniert eine andere Geschichte, die konkrete praktische Herausforderungen der klösterlichen Wirtschaftsorganisation aufgreift: St. Gallen musste teilweise Besitz in weit entfernten Gebieten verwalten, wo es aber nicht unbedingt immer eine stabile Machtbasis durch signifikant große Anteile am lokalen Besitz oder schlicht durch Präsenz entfalten konnte. So berichtet die Vita, dass an einem solch »weiter entfernten Ort«, den nur ein einzelner Mönch beaufsichtigte, eine zentrale Lagerscheune des Klosters mutwillig angezündet wurde. Auch wenn die Täter erst nach einem Jahr enttarnt werden konnten, fuhr dennoch zur Strafe durch Gottes Wirken ein Dämon in den einen ein. Dieser sei von da an gequält und öffentlichkeitswirksam durch die umliegenden Dörfer gelaufen und habe überall laut geschrien: »Ich habe die Viehställe des heiligen Gallus angezündet, und deshalb werde ich im Gegenzug von ihm verbrannt, ohne dass man es sieht« (II, c. 19). Eine breitenwirksamere Bekanntmachung der Strafgewalt des heiligen Gallus als durch eine solche Propagierung des Geschä-

Bild oben: Darstellung des Eidbrüchigen, falschherum auf seinem Pferd. Miniatur aus dem Jahr 1455. (Quelle: Stiftsbibliothek St. Gallen, Cod. Sang. 602, p. 152)
Bild unten: Der Holzdieb bereut seine Tat und betet in einer Gallus-Kirche, dass er seine Hand wieder frei bekommt. Statt eines Schwertes ist in dieser Miniatur von 1455 eine Hippe dargestellt. (Stiftsbibliothek St. Gallen, Cod. Sang. 602, p. 127)

digten selbst kann man sich wohl kaum wünschen, zumal die Vita extra betont, dass die Menschen von überall her durch das Geschrei angelockt worden seien. Die Versuche der Menge, den Gestraften zur Linderung eimerweise mit Wasser zu übergießen, waren allerdings vergeblich. Vielleicht mögen sie aber auf das Publikum der Erzählung erheiternd gewirkt haben.

Die Liste lässt sich erweitern: Ein gegenüber dem Kloster Eidbrüchiger kann nur noch falschherum aufs Pferd steigen und muss unter größter Scham mit seinem Kopf Richtung Hinterteil reiten (II, c. 20); eiserne Pflugscharen des Gallusklosters lassen sich nicht entwenden (II, c. 30); ein Bauer, der kleine Mengen Wachs aus der Kirche stielt, erlebt – oh Wunder –, dass das Wachs hart wie Stein wird, bis er es zurückbringt (II, c. 40); und ein wundergewirkter Traum hilft, einen Einbrecher zu überführen, der das Buch eines kleinen Klosterschülers geraubt hat (II, c. 28).

Für das Projekt »Campus Galli« sind diese Berichte allein schon als Quellen der Alltagsgeschichte von Interesse, denn oft finden sich gerade in der Hagiographie seltene Schriftzeugnisse über landwirtschaftliche Geräte, Wirtschaftstechniken oder etwa über die Gästehäuser der Klöster. Dennoch reicht der Erkenntniswert der Wundererzählungen für unser Verständnis des im Projekt realisierten Klosterbetriebs eben viel tiefer: Walahfrids Vitenfassung zeigt ganz praktisch mit dem ihr eigenen Zuschnitt des Wunderteils, dass die Verwaltung und Verteidigung von Besitz ein selbstverständlicher und in hohem Maße präsenter Teil des klösterlichen Lebensalltags war. Die monastischen Führungseliten nahmen diesen Aufgabenbereich sogar so ernst, dass sie ihn umfassend reflektierten und auf der Höhe der Lösungswege ihrer Zeit einen aktiven Beitrag zur Sicherung des Klosterbesitzes zu leisten suchten: Die Wahl eines hagiographischen Textes als gezielt formbares Kommunikationsmedium ist dabei zwar eine über das gesamte Mittelalter verbreitete Methode, aber das Vertrauen, das die St. Galler Mönche in den 830er Jahren angesichts stetig wachsender Schenkungen speziell in Schriftlichkeit zur Lösung der aktuellen Herausforderungen setzten, ist doch ein besonders charakteristischer Wesenszug des Mönchtums in der Karolingerzeit.

Letztendlich wird die Vita des Klosterheiligen also ganz praktisch genutzt, um aktiv Besitz und Verwaltung zu managen. Sie macht diese Grundlinie gemäß dem didaktischen Charakter von Wundererzählungen teilweise sogar explizit, denn Walahfrid ergänzt gelegentlich kurze moralische Ausdeutungen. So wolle er beispielsweise darlegen, »welche Hilfsmittel der selige Mann [= Gallus] denjenigen, die in seinem Dienst stehen, zur Verfügung stellt, damit sie seinen Besitz bewahren und verteidigen, und mit welcher Macht er denjenigen, die nach ihm verlangen und auf ihn hoffen, mit einer Vielfalt an Wundertaten zu Hilfe eilt« (II, c. 18).

In dem Zitat wird zugleich deutlich, dass dieses verwaltende Management keineswegs nur die Besitzsicherung nach außen umfasste! Manche der Erzählungen sollten

ohne Zweifel auch disziplinierend gegenüber denjenigen wirken, die bereits Land an den heiligen Gallus geschenkt hatten und es direkt oder mittelbar, als Freie und als Unfreie, für das Kloster bewirtschafteten. Dieser Gruppe, die die Vita sogar teilweise unter den erst später institutionalisierten Begriff der *familia* des Heiligen fasst, sprechen viele Wundererzählungen außerdem Schutz zu (z.B. II, c. 22 bei einem nächtlichen Überfall) und stärken sie gemäß der spirituellen Verantwortung der Mönche in ihrem Glauben (z.B. II, c. 24). Hier stifteten die Mönche mittels der Heiligenerzählungen also auch Identität und soziale Ordnung. Selbstverständlich sollte man zusätzlich handfeste finanzielle Funktionen nicht ausschließen, denn die Vita vermochte mit den Schutzbekundungen natürlich auch den Galluskult zu befördern und damit neue Schenkungen einzuwerben.

## Hagiographie als multifunktionaler Problemlöser für Herausforderungen der Lebensgegenwart

Hagiographische Texte und insbesondere die Gallusvita des Walahfrid Strabo sind bei näherer Betrachtung so vielschichtig, dass die vorangegangenen Überlegungen nur einen kleinen Ausschnitt aus den multidimensionalen Funktionen und Adressatenkreisen aufzählen konnten. Zum Beispiel kann man mit Blick auf wirtschaftliche Fragen an Walahfrids Wunderteil auch hervorragend nachvollziehen, dass die Entwicklungen einer eigentlich der Weltflucht verschriebenen Mönchsgemeinschaft hin zu einem dicht mit der Außenwelt verflochtenen karolingischen Klosterzentrum, wie es der Klosterplan repräsentiert, von den Zeitgenossen anhaltend kritisch wahrgenommen wurden. Denn letztendlich versucht jedes Wunder zur Errettung des Besitzes, den selbigen immer auch zu legitimieren – und bezeugt damit, dass das Thema die Mönchsgemeinschaft kontrovers bewegt haben muss (z.B. II, c. 6–8.10.14). Walahfrids Fassung positioniert sich allerdings eindeutig: Reichtum ist gänzlich legitim und beförderswert, soweit er dem Heiligen gehört – und damit offiziell nicht den Mönchen! Die Vita streicht sogar explizite Kritik an klösterlichem Reichtum gegenüber einer Passage in der ältesten Fassung des Gallus-Lebens heraus.

Auch interne Probleme einer stark an Mitgliedern wachsenden

Gemeinschaft werden in einigen Episoden sichtbar, etwa wenn ein unglücklicher Mönch hartnäckig aus dem Kloster zu fliehen versucht, aber jede Nacht wieder von seinem Pferd zurückgetragen wird (II, c. 25). Und *last but definitly not least* wären auch noch die politischen Funktionsabsichten und Adressatenkreise zu nennen. Aber das diesbezüglich denkwürdigste Strafwunder des Mirakelteils, in dem Bischof Sidonius von Konstanz bildreich seine Übergriffe gegenüber der Gemeinschaft des heiligen Gallus durch einen grausamen Durchfalltod auf dem Abort büßt, überlasse ich Ihnen selbst zur Lektüre (II, c. 17). Walahfrids Vita lässt sich handlich und kostengünstig in einer zweisprachigen Reclam-Ausgabe beziehen, und ich hoffe, ich habe Sie neugierig gemacht, sich auch selbst weiter auf mittelalterliche Hagiographie einzulassen.

### Literatur

*Walahfrid Strabo: Vita sancti Galli/ Das Leben des heiligen Gallus.* Lateinisch/Deutsch, Übersetzung von Franziska Schnoor, Anmerkungen und Nachwort von Ernst Tremp, Stuttgart 2012. (Alle deutschsprachigen Zitate im Text sind dieser Ausgabe entnommen.)

*Jebe, Johanna:* Gutes Mönchtum in St. Gallen und Fulda. Diskussion und Correctio im Spiegel karolingischer Klosterbibliotheken, Freiburg i.Br. 2024, S. 260–310, bsd. S. 291–301 (mit ausführlichen Literaturbelegen zu vielen der im Artikel behandelten Themen).

*Goullet, Monique:* Hagiographie. Über den Gebrauch der Hagiographie in der mittelalterlichen Geschichte. In: Ménestrel. Médiévistes sur le net (URL: http://www.menestrel.fr/spip.php?rubrique1612&lang=de, Zugriff: 07.02.2025) (sehr gute und knappe Onlineeinführung).

*Van Uytfanghe, Marc:* Art. Heiligenverehrung II (Hagiographie). In: Reallexikon für Antike und Christentum, Bd. 14, Stuttgart 1987, S. 150–183 (wissenschaftliche Einführung).

*Diem, Albrecht:* Die »Regula Columbani« und die »Regula Sancti Galli«. Überlegungen zu den Gallusviten in ihrem karolingischen Kontext. In: Schnoor, Franziska u.a. (Hgg.): Gallus und seine Zeit. Leben, Wirken, Nachleben, Monasterium Sancti Galli 7, St. Gallen 2015, S. 65–98 (aktuell zur Gallusvita).

## »Die Königstochter soll sich in ihrem fünfzehnten Jahre an einer Spindel stechen und tot hinfallen.«

Mechthild Schwarzkopf

Wenn sich Gäste des Campus Galli entspannt in Richtung der Weberei bewegen, sind sie oft sehr angetan von der märchenhaften Stimmung, die an unserer bescheidenen Hütte besonders eindrücklich zu spüren sein soll. Wahrscheinlich ist es dort durch die vielen Stränge Wolle in verschiedenen Farben, die Tücher und Decken, den herumliegenden Kleinkram und das recht gemütliche, stille Arbeiten etwas heimeliger als an manch anderer Werkstatt. Auch schwätzen lässt sich neben Näh- oder Spinnarbeiten eben leichter, als während dem Behauen von Steinen oder Baumstämmen, wo man das tunlichst vermeiden sollte …

Außerdem ist, was dort so häufig geschieht, das Vorbereiten und Verspinnen von Wolle und Flachs, den meisten nicht mehr von Zuhause bekannt wie etwa Gartenarbeit oder Holzhacken. Dafür erinnern sich aber eben doch noch viele Menschen an die Märchen, die sie selbst erzählt bekommen oder auch ihren eigenen Kindern vorgelesen haben. Hauptsächlich an dieses eine Märchen, welches bis heute zu den bekanntesten überhaupt zählt. Wie hieß es noch – Schneewittchen? Nein, Dornröschen!

Nun gibt es tatsächlich eine Vielzahl von Märchen, in denen dem Spinnen eine Haupt- oder Nebenrolle zukommt. Die bekanntesten sind dabei Frau Holle, Rumpelstilzchen, Die drei Spinnerinnen und ganz obenan Dornröschen oder »The Sleeping Beauty«.

Und dies hat, wie allen schnell deutlich wird, die eine Weile an der Weberei stehenbleiben und beim Verarbeiten von Wolle oder Flachs zusehen, einen sehr realen Hintergrund. Wohl oder übel haben die Menschen vor der Industrialisierung unvorstellbar viel Zeit in diese Tätigkeit stecken müssen, und spinnende Mädchen und Frauen waren ein ganz alltägliches Bild. Das kommt nicht nur in Märchen zum Ausdruck, sondern schon in den ältesten Sagen und Mythen bestimmen spinnende Schicksalsgöttinnen, je nach Kulturkreis etwa die Nornen, Parzen oder Moiren, über den Lebensfaden der Menschen. Und zwar dann noch ausschließlich mit diesen kleinen unscheinbaren Dingern, die man kaum noch als »Werkzeug« bezeichnen will – dem Spinnstock und dem Wirtel!

»Wo habt ihr denn eure Spindeln?«, werden wir manchmal gefragt. Das kann für Verwirrung sorgen, wenn sich gerade jemand hoch konzentriert mit eben einer Handspindel beschäftigt. Für andere ist es sehr verwunderlich, wenn sie bei uns gar kein – na, wie heißt es denn gleich – so ein Ding mit einem Rad … Webstuhl …, nein, Spinn-

Abb.1. Darstellung eines frühen Spinnrads in einem Psalter des 14. Jahrhunderts (Quelle: Luttrell Psalter, BL Add. MS 42130, f.193r)

rad!!! entdecken können. Noch nicht einmal im Inneren der Hütte? So machte man das doch früher? So kennen wir das doch aus den Märchen?!

Das ist tatsächlich etwas verwirrend, und man kann den Besuchern nicht unrecht geben. Auch ich bin mit vorgelesenen oder erzählten Märchen aufgewachsen, und tatsächlich gab es in unserer alten Ausgabe der »Kinder- und Hausmärchen der Brüder Grimm« eine Abbildung zu Dornröschen, in der ein altes Weiblein am Spinnrad saß. Doch im Text daneben stand das altbekannte »Ei, was ist das für ein Ding, das da so lustig tanzt und springt?«.

An einem Spinnrad dreht sich so allerhand; unter tanzen und springen stelle ich mir allerdings etwas anderes vor. Und es ist in dem Märchen ganz ausdrücklich von der Spindel die Rede, an der die schöne Prinzessin sich stechen soll.

Übrigens steht in der Urfassung dieses Grimm'schen Märchens noch etwas anderes Aufschlussreiches, an das sich wenige erinnern: »... saß da in einem kleinen Stübchen eine alte Frau und spann emsig ihren Flachs.«

Flachs! Das ist ein Material, welches für die meisten Menschen heute noch um einiges fremder ist als die Schafwolle, die an unserer Werkstatt in großen Körben auf die Weiterverarbeitung wartet, während Flachsfasern erst aufwendig aus dem Leinstroh gewonnen werden müssen und sich auch nicht ganz so einfach wie die Wolle verarbeiten lassen. So verbindet man heute mit »Spinnen«, das meist mehr als Hobby und zur eigenen Freude betrieben wird, eher die Woll- als die Leinengarnherstellung. Es geht uns heute dabei nicht

Abb.2. Darstellung einer Frau beim Spinnen im »Heidelberger Schicksalsbuch«, Ende 15. Jahrhundert (Quelle: Universitätsbibliothek Heidelberg, Cod. Pal. germ. 832, f.76r)

sehen! Ein »normales« Wollgarn kann man sich wirklich günstiger im Laden kaufen …

Wenn dann einmal geklärt ist, dass diese kleinen Stöckchen mit einem Gewicht daran, Spinnstock und Spinnwirtel, genau diese Handspindeln sind, mit denen jahrtausendelang jeder Faden hergestellt werden musste, da die Spinnräder erst eine sehr viel spätere Erfindung sind, ergibt sich die nächste Frage: Woran kann man sich denn da stechen? Unsere Spindeln sind zwar oft etwas unterschiedlich gestaltet, sich orientierend an frühmittelalterlichen Funden und Abbildungen. Wirklich spitz sind allerdings die wenigsten. Muss man es nicht wahnsinnig ungeschickt anstellen, um sich da irgendwo zu stechen?

Nun gibt es zwischen den zahllosen verschiedenen Spindelfunden über die Zeiten hinweg zwar etwas spitzere Exemplare, trotzdem: Die Antwort ist Ja.

Dornröschen war natürlich völlig unvorbereitet und vielleicht wirklich nicht geschickt, denn alle Spindeln waren bis zu dem verhängnisvollen Moment sorgfältig von ihr

mehr darum, einen so feinen, haltbaren und gleichmäßigen Faden wie möglich zu erstellen, und das bitte kilometerlang, damit man dann auch genug Stoff für zumindest ein Kleid daraus weben kann. Wenn wir heute schon etwas mit den eigenen Händen herstellen, dann soll man das auch vor allem

ferngehalten worden. Außerdem kann zu ihrer Verteidigung gesagt werden, dass da ja noch ein Fluch auf ihr lastete …

Doch es gibt hierzu noch einen tieferen Hintergrund.

Wir kennen dieses Märchen heute meist in der kurzen Fassung der Brüder Grimm. Und die schufen ihre Werke im 19. Jahrhundert, in der Romantik. In einer Zeit, in der ganz nebenbei die Verwendung von Spinnrädern schon gang und gäbe war. Allerdings waren diese im Zuge der Industriellen Revolution schon lange abgelöst durch beeindruckend leistungsfähige Spinnmaschinen! Schon um 1800 gab es Maschinen mit 400 gleichzeitig arbeitenden Spindeln auf einer Maschine!

Doch nicht umsonst heißt es am Anfang vieler Märchen: »Es war einmal …« Gerade die Brüder Grimm waren nicht die Erfinder ihrer Kinder- und Hausmärchen, sondern sie haben alte Überlieferungen gesammelt, bearbeitet und oft umgeformt. Das Dornröschen ist eines ihrer bekanntesten Werke, und seine Ursprünge reichen tatsächlich zurück in eine damals schon sagenumwobene Vergangenheit. Gerade die Herkunft dieses Märchens ist für uns bei Campus Galli besonders interessant! Denn die Brüder Grimm griffen für ihre Fassung zurück auf eine Märchensammlung vom französischen Schriftsteller Charles Perrault aus dem Jahr 1697, Märchen von Mutter Gans (Contes de ma mère l'Oye), die diesen Namen erhalten haben wegen ihres damals schon beeindruckenden Alters. Denn »Mutter Gans« bezieht sich dabei auf eine Königin, die der Überlieferung nach einen großen Fuß »Gänsefuß« gehabt haben soll. Die Märchen sollen also so alt sein wie diese Mutter Gans, und in ihr sieht die Forschung Bertrarda – die Mutter Karls des Großen! Von ihr und ihrem Gemahl Pippin wird erzählt in »Bertha mit den großen Füßen«. Nebenbei bemerkt muss sie dort an Pippins Hof Haarsträubendes durchstehen und ist mörderischen und kannibalistischen Intrigen ausgesetzt, die heutigen Horrorfilmen in nichts nachstehen.

Auch in »Die schlafende Schöne im Wald«, wie das Dornröschen in dieser Sammlung genannt wird, geht es grausig zu. Dort gibt es schon die bekannte böse Fee, die der neugeborenen Prinzessin alle guten Wünsche nicht gönnen will und sie zum Tod durch einen Stich an der Spindel verflucht. Auch hier sinkt sie in einen hundertjährigen Schlaf und wird durch einen mutigen Prinzen errettet, mitsamt dem gesamten schlafenden Hofstaat. Aber in dieser Fassung geht die Erzählung nach der glücklichen Hochzeit erst richtig los; nicht alle gönnen dem sehr altmodisch gekleideten schönen Mädchen ihr Glück.

Perrault hat sich dies ebenfalls nicht selbst ausgedacht. Es gibt noch ältere Fassungen dieser Geschichte, die wahrscheinlich früheste schon in dem französischen Ritterroman »Perceforest« aus dem 14. Jahrhundert. Für uns, die wir das Geheimnis lüften wollen, wie man sich beim Spinnen stechen kann, ist diese spannend: »Sonne, Mond und Thalia« vom italienischen Autor Giambattista Basile aus dem Jahr 1636. Auch hier geschehen schreckliche Vergehen. Die ganze Geschichte ist komplett nicht jugendfrei; die schöne Thalia wird im Todesschlaf geschwängert und beschenkt mit einem allerliebsten Zwillingspaar, genannt Sonne und Mond. Es ist kein Wunder, dass die Romantiker Jacob und Wilhelm Grimm es für ihre »Kindermärchen« hier und da etwas angepasst haben. Doch nun ist es kein Fluch von einer missgünstigen Alten, niemand redet über Spindeln! Wahrsager bedeuten dem König, es drohe dem Kinde eine große Gefahr durch eine Flachsfaser! Und siehe da, »unglücklicherweise jedoch stach sie sich (...) eine Hanffaser unter den Nagel eines Fingers und fiel sogleich tot zur Erde«.

Für mich ist das des Rätsels Lösung. Es ist nicht die Spindel, sondern der Flachs. Für jeden, der schon einmal probiert hat, schönen feinen Flachs herzustellen, ist das, glaube ich, **völlig einleuchtend; denn es ist ein weiter Weg vom Stängel zum** Faserbündel, und man muss schon alle Arbeitsschritte sehr gut beherrschen, um nicht zu viel grobe, störrische Stücke zu erhalten, die sich als Splitter in die Haut bohren können. Und auch der feinste, geschmeidigs-

Flachsherstellung: Ernte der Pflanzen, Dreschen, um die Leinsaat zu gewinnen, Brechen der Halme, um hölzerne Teile von den Fasern zu trennen, anschließend mehrere Schritte, um diese harten Bestandteile zu entfernen (Kämmen/Hecheln), Spinnen

te Flachs ist beim Spinnen niemals so angenehm für die Hände wie Schafwolle; sodass sich die blutigen Hände aus einem anderen bekannten »Spinnmärchen«, Frau Holle, durchaus als eine Realität in damaliger Zeit darstellen können.

Durch das Märchen von Sonne, Mond und Thalia wird übrigens noch auf einen weiteren Aspekt von Dornröschen ein erhellendes Licht geworfen: Denn uns treibt die Frage um, wie die Prinzessin und das gesamte **Königreich denn** bloß durch die ersten 15 Jahre ihres Lebens gekommen sein könnten: Da die Spindel in dieser »Es war einmal«-Zeit nun eindeutig noch das einzige Werkzeug zum Spinnen war, also das Garn für alle Kleidung, alle Stoffe, alle Seile damit hergestellt werden mussten, muss es einer gigantischen Katastrophe gleichgekommen sein, wenn es 15 Jahre auf das strengste untersagt war, eine Spindel zu besitzen.

Auch hier ist Basile noch etwas realistischer in seiner Darstellung: Da erließ der »Vater, um jedem Unfall vorzubeugen, ein strenges Gebot (...), daß weder Flachs noch Hanf noch irgend etwas ähnliches jemals in seinen Palast gebracht würde«. So konnte doch jedenfalls außerhalb des Hofes die Kleidungsherstellung weiter ihren gewohnten Gang gehen!

An der Weberei werden wir auch des Öfteren gefragt, was denn nun passieren würde, wenn wir uns an der Spindel stächen? Manchmal gar keine so schlechte Idee, einfach mal 100 Jahre schlafen dürfen, und dann aufzuwachen in den Armen eines tollen Prinzen? Ich antworte aber meist, dass es mir vertraglich untersagt ist, mich zu stechen, und unsere Spindeln extra nicht so spitz gemacht sind. Denn es wäre ja dann nicht nur ich selbst, die einschlafen würde, sondern auch der gesamte Campus Galli … Ob auch die Besucher dazuzählen würden?

Wie man allerdings am obigen Bericht erkennen kann, ist es erstens gar nicht sicher, wer alles schlafen darf, weil es dabei auf die jeweilige Fassung des Märchens ankommt; und zweitens sieht man daran eins sehr gut: Verbote helfen sowieso nicht. Jedenfalls nicht, wenn Verwünschungen die Ursache sind.

# Impressionen

Armin Heim

Die karolingische Klosterstadt wächst – auch im Jahr 2024 entstanden weitere Gebäude: Das Abtsgebäude erhielt gleich zwei Nebengebäude, darunter einen Toilettenbau. Der neue größere Hühnerstall ist nun ebenfalls fertig und steht für die Hühnerschar bereit. Die Holzkirche erfuhr weitere Ausschmückungen. Und wie immer geben die verschiedenen Werkstätten Einblicke in die Handwerkstechniken und -fertigkeiten im Frühmittelalter, die stets weiter erforscht werden. Vor allem in der Drechslerei, der Töpferei oder der Weberei lassen sich ganz ungewohnte Herstellungsmethoden beobachten. Nicht zuletzt die ebenfalls nach den Praktiken und Arbeitsweisen in der Karolingerzeit betriebene Landwirtschaft auf dem Campus Galli erweist sich immer wieder als Attraktion für die Besucher.

Abtshof

Weberei

Töpferei

# Die Entstehung der Holzkirche in Bildern

Jens Lautenschlager und Hannes Napierala

Die Holzkirche war das erste große Gebäude auf dem Campus Galli und damit die erste große Herausforderung für alle Beteiligten: Wie heben wir Fundamentgräben aus? Wie behauen wir effektiv und präzise Balken? Wie transportieren wir schwere Lasten? Wie schließen wir Fensteröffnungen, wie befestigen wir Schindeln und Dachlatten? Wie füllen wir Wände und wie erfüllen wir moderne Vorschriften? Wie messen wir Winkel und Längen? Welche Einbauten und Gerätschaften brauchen wir? Wohin fließt das Regenwasser ab? Fragen über Fragen … Und vor allem: wie sah eine Holzkirche im 9. Jahrhundert überhaupt aus? Vieles wussten wir nicht, als wir 2014 mit der Holzkirche begannen. Sie war unser Erstlingswerk, unser Versuchsobjekt, aber auch unser ganzer Stolz: Denn dass es uns tatsächlich gelingt, ein Gebäude ohne moderne Gerätschaften zu errichten, wurde damals noch von vielen angezweifelt.

Jens Lautenschlager war als Steinmetz von Anfang an dabei und hat die Entstehung der Holzkirche über die Jahre in Bildern festgehalten. Die Fotos dienten dabei vor allem der Dokumentation und waren eigentlich nie für den Druck gedacht, weshalb die Qualität nicht immer die beste ist. Dennoch sind sie ein wichtiges Dokument, das die zahlreichen Schritte zeigt und die vielen Arbeiten, die nötig waren, damit die Holzkirche heute von vielen Zehntausend Besuchern bewundert werden kann.

Vieles würden wir heute anders machen, und in vielen Dingen entspricht das Äußere der Holzkirche nicht dem, was wir heute über Kirchen des 9. Jahrhunderts wissen. Im Innenraum ist es aber gelungen, nach und nach den Eindruck eines echten frühmittelalterlichen Kirchenraumes zu schaffen, mit Chorschranke, Altar und Gallusgrab, Leuchtern und verschiedenem Mobiliar. Nach und nach wird das Innere der Kirche noch weiter ausgestaltet. Vielleicht werden wir damit niemals komplett fertig sein.

Trotz allen »Fehlern«, die bei der Planung der Kirche gemacht wurden, war sie ein Meilenstein für uns. Erstmals konnten wir beweisen, dass wir in der Lage sind, ganze Gebäude von Grund auf zu errichten und die benötigten Materialien und Werkzeuge herzustellen. Erst dadurch gelang es uns, Experten zu gewinnen, die uns seitdem begleiten: Bauforscher, Ingenieure, Historiker, Handwerker, Archäologen. Alle Gebäude, die danach kamen und noch kommen werden, bauen deshalb auf einem ganz anderen fachlichen Fundament auf. Ohne die Holzkirche wäre all das aber gar nicht erst ins Laufen gekommen.

## 2014

Wegweiser zur Holzkirche

Beginn der Fundamentarbeiten

Fundamentarbeiten

Sockel der Holzkirche

Baustellenimpression

Michael behaut einen Lärchenbalken

## 2015

Abbund und Zusammenfügen der Holzbauteile

Aufrichten der Bünde nach Saison

Verputzen des Fundamentes

Der Innenraum wird mit Steinen verfüllt

Das Baugerüst wird aufgestellt

Ein Balken wird auf das Gerüst gehievt

## 2016

Das Dach im Bau

Der Dachstuhl ist beinahe fertig

Dachlatten werden mit Holznägeln aufgenagelt

Das Dach wird mit Schindeln eingedeckt

Der Altarsockel (Stipes) im Bau

Der Lehmboden wird eingebracht

## 2017

Stand Ende 2016: Die Wände und das Dach sind größtenteils fertig

Hans beschnitzt den Bogen der Chorschranke

Das Dach des Tores zum Holzkloster wird gedeckt

Herstellung der Pergamentfenster. Geöltes Pergament wird in Holzrahmen genäht.

Ein Kapitell wird als Musterstück für die Chorschranke geschnitzt

Säulen für die Altarstufe

## 2018

Die Kirche bekommt eine Tür

Der (angedeutete) Kreuzgang an der Südwand wird aufgerichtet

Der (angedeutete) Kreuzgang an der Südwand wird mit Schindeln eingedeckt

## 2019

Hans und Andreas bringen den Lehmboden ein

Die Säulenkapitelle der Chorschranke

Im Kreuzgang werden Bänke installiert – hier wird fortan täglich aus der Benediktsregel gelesen

Bau des Glockenturmes

Holzkirche mit Glockenturm

Ausbesserungsarbeiten am Fundament der Holzkirche

## 2020

Eine kleine Vorhalle wird an die Westfassade gebaut

## 2021

Die Kirchentür wurde geölt und erhält Eisenbeschläge

Ende 2021

## 2022

Das Vortragekreuz hinter dem Altar

Ein Gesangsbuch auf der Formula

## 2023

Maurer Hansi baut den Sockel des Heiligengrabes

Hans und Hansi setzen die Säulen des Heiligengrabes

Schreiner Malte platziert den hölzernen Sarkophag im Gallusschrein

## 2024

Chor und Altarraum mit Kerzen und Öllämpchen beleuchtet

Bildhauerin Lara vergoldet das Vortragekreuz

Zwei bemalte Chorschrankenplatten wurden eingesetzt

Blick durch das Holztor hin zur Kirche

# Hildegard (*828, gest. 856) und Bertha (*vor 839, gest. 877) – karolingische Königstöchter und erste Äbtissinnen des Fraumünsters Zürich

Andrea Braun-Henle

Das Fraumünster sei eine der ältesten kirchlichen Bauten Zürichs, so ist auf dem Flyer zu lesen, den man erhält, wenn man die Kirche besucht. Es habe als Andachtsraum, der den Stadtheiligen Felix und Regula gewidmet ist, wesentlich dazu beigetragen, dass sich Zürich aus einem keltischen Ursprung über eine regional bedeutende römische Siedlung zu einer florierenden mittelalterlichen Stadt entwickelt habe. Als zentrale Gründungsgestalten werden immer wieder Hildegard und Bertha, die beiden ersten Äbtissinnen, genannt. Wer waren sie? Wie sind sie nach Zürich gekommen? Welchen Einfluss hatten sie auf die Entwicklung des Klosters und der Stadt?

Um Hildegard und Bertha auf die Spur zu kommen, treffe ich Irene Gysel. Sie war Lehrerin, die Frau des ehemaligen Pfarrers des Großmünsters und vielfältig in kirchlichen,

Noch heute zeigt das Kirchengebäude von Fraumünster in Zürich die Form einer dreischiffigen Basilika, die bereits der Gründungsbau in der zweiten Hälfte des 9. Jahrhunderts hatte (Abbildung: Andrea Braun-Henle)

journalistischen und theologischen Funktionen engagiert. Seit vielen Jahren beschäftigt sie sich mit der Geschichte von Fraumünster, vor allem mit der letzten Äbtissin Katharina von Zimmern. Gefragt nach der Bedeutung, die die beiden Gründungsäbtissinnen Hildegard und Bertha heute noch haben, erzählt Irene Gysel folgende Anekdote: »Die beiden spielen nur selten eine Rolle. Aber als die Ökumenische Frauenbewegung während einiger Jahre regelmäßig Frauengottesdienste im Fraumünster feierte, haben wir die beiden Frauenfiguren am damals noch zugänglichen Ostportal beim Nordturm jeweils mit Kränzen und Rosen geschmückt. Wir gingen davon aus, dass sie Hildegard und Bertha darstellen.« Dies sieht Vogelsanger als gesichert an (Vogelsanger 1994).

## Die kaiserliche Herkunft und die Zeit in Schwarzach

Hildegard und Bertha waren die Töchter von Kaiser Ludwig dem

Die beiden Schwestern – links Hildegard, rechts Bertha – sind heute unter anderem als Sandsteinplastiken aus der Zeit der Neugotik (Anfang des 20. Jahrhunderts) am Fraumünster zu sehen. Die Abbildungen zeigen sie im Schmuck anlässlich der Frauengottesdienste. (Abbildungen: Tula Roy)

Deutschen (805/806–876), einem Enkel von Karl dem Großen, und seiner Frau Hemma (808–876). Hildegard war die ältere der beiden, sie wurde um 828 im ostfränkischen Reich geboren, als ältestes Kind der Familie. Ihr folgten Karlmann, Irmengard, Gisela, Ludwig, Bertha und Karl (vgl. Hartmann/Schnith 2006).

Erstmals werden die beiden als Äbtissinnen des Klosters Schwarzach, heute Münsterschwarzach, in Unterfranken erwähnt. Dieses bestand vermutlich bereits vor 783, wurde dann ausgebaut. Als Eigenkloster, das auf karolingischem Grundbesitz errichtet war, nahm es verschiedene wichtige Aufgaben für die Familie wahr. Es war Ort des Gebetes, möglicher Lebensort für Verwandte, trug zur Verwaltung der Güter bei, gewährte der Familie Gastfreundschaft auf Reisen und diente schließlich auch als Begräbnisort. Die Funktion als Reichskloster stärkte seine politische Stellung.

Mahr macht deutlich, dass es unklar sei, welche Art von klösterlichem Leben die Frauen dort praktizierten. Die Tochter von Karl dem Großen, Theodora, zog 840 als Äbtissin ein. Karl der Deutsche übergab 844 das Kloster an seine Frau Hemma und an die Töchter Hildegard, Irmengard und Bertha. Die Leitung ging im selben Jahr an Hildegard, die dann 853, ebenfalls als Äbtissin, in das Kloster Felix und Regula nach Zürich ging. Irmengard wurde 853 Äbtissin von Buchau am Federsee und dann des Klosters auf einer der Inseln im Chiemsee, heute Frauenchiemsee (vgl. Braun-Henle 2018). Bertha folgte Hildegard als Äbtissin von Schwarzach und dann ab 859 in Zürich. »Als Berta … am 26. März 877 starb, endete die etwa 120 Jahre dauernde Geschichte des Frauenklosters [in Schwarzach]«, so Mahr. Die verbliebenen Nonnen seien Bertha wohl nach Zürich gefolgt (vgl. Abtei Münsterschwarzach 2024).

Warum entschied sich Ludwig dafür, seine Töchter in Klöster zu geben, anstatt sie im Sinne einer politisch wirksamen Bündnispolitik zu verheiraten? Dopsch beantwortet dies folgendermaßen: »Erstens bildeten die Nonnenstifte an der bedeutenden kaiserlichen Pfalz Zürich und in Buchau am Federsee wichtige Stützpunkte der Königsmacht in Schwaben, wo Ludwig seine Herrschaft erst sichern und festigen musste. Zweitens war die Übergabe von Schwarzach am Main an Hemma und ihre Töchter nur als eine Form der standesgemäßen Versorgung gedacht, die noch keine feste Bindung der drei Prinzessinnen an das klösterliche Leben bedeutete.« Er sieht auch eine persönliche Überzeugung bei den Schwestern, in dieser Lebensform Gott dienen zu

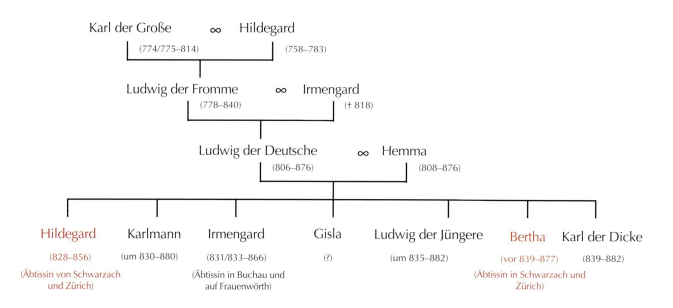

Die Grabungen von 1935 in Münsterschwarzach zeigen einen runden Turm mit 5 Meter Durchmesser und die Mauer des Seitenschiffs der karolingischen Kirche. Laut Mahr erinnert »der im Fundament erhaltene Rundturm … an doppeltürmige Anlagen wie den Dom in Frankfurt oder die Abteikirche im St. Gallener Klosterplan«. (Abbildung: Mahr, Johannes. Münsterschwarzach 1200 Jahre einer fränkischen Abtei, ©Vier-Türme-GmbH, Verlag, Münsterschwarzach 2015)

wollen. Auch Vogelsanger sieht bei Klostergründungen bzw. Unterstützungsleistungen für Klöster, die Ludwig der Deutsche vornimmt, »stets missionarische, politische und strategische Zwecke«. Das Gebiet um Zürich beispielsweise »will er nicht irgendeinem unsicheren Kantonisten von Gau- und Markgrafen überlassen, sondern durch die ihm treu ergebene Herrin oder Äbtissin von Zürich und den von ihr bestellten Kastvogt direkt seiner Aufsicht und Gewalt unterstellt wissen«.

## Zürich zur Zeit der Ankunft Hildegards

Den Ursprung der Stadt bilde, so Vogelsanger, eine Militärstation namens Turicum, die bereits im ersten Jahrhundert unserer Zeitrechnung im Bereich der heutigen Altstadt gelegen habe. Nach deren Zerstörung sei auf dem Lindenhof im 4. Jahrhundert eine gut befestigte Ansiedlung entstanden, die aber unter den Auseinandersetzungen mit den Alemannen sehr gelitten habe. »Die Franken bauten [dann] auf dem Lindenhof nicht nur das zerstörte Kas-

Dieser sog. Halbschlüssel aus Bronze stammt aus dem 8. oder 9. Jahrhundert. Er wurde 1939 in dem Bereich, in dem früher die karolingische Kirche in Schwarzach stand, gefunden. (Abbildung: Mahr, Johannes. Münsterschwarzach 1200 Jahre einer fränkischen Abtei, ©Vier-Türme-GmbH, Verlag, Münsterschwarzach 2015)

tell als Pfalz und Gerichtsstätte ihrer Gaugrafen wieder auf, sondern sie sorgten gewiss auch für eine Pastoration der Bevölkerung, vor allem der Dienstleute und Insassen der Pfalz und ihrer Umgebung«. Hier lägen nach Meinung Vogelsangers wohl auch die Ursprünge von St. Peter, das später Teil der Fraumünsterabtei wurde.

Frühzeitig wurde auch eine andere Stelle auf dem gegenüberliegenden Ufer der Limmat wichtig:

»Auf einem Friedhof ausserhalb der eigentlichen Turicum-Siedlung, auf dem heutigen Großmünsterhügel, muss schon früh ein Grab als Stätte der beiden Heiligen Felix und Regula ausgezeichnet und darüber dann auch mit der Zeit eine Grabkapelle errichtet worden sein«, so Vogelsanger. Dies dürften die Ursprünge des Großmünsters sein. Verschiedene Quellen legen nahe, dass sich hier zur Zeit der Neudotierung von Fraumünster bereits ein Kloster befand. Laut Werner Gysel habe diese Einrichtung bereits vor 853 den Zehnten eingenommen, sogenanntes Königsgut für den König verwaltet und andere Rechte besessen.

Die Heiligenlegende von Felix und Regula enthält im Wesentlichen folgende Elemente. Sie werden hier so wiedergegeben, wie Vogelsanger sie erzählt: Die Legende reicht zurück in die Zeit der Christenverfolgung unter Diokletian. Im Unterwallis sei eine römische Legion stationiert gewesen, deren Mitglieder allesamt Christen waren, die sogenannte thebäische Legion. Ihr bekanntestes Mitglied war ihr Kommandant, der heilige Mauritius. Den Befehl zur Hinrichtung oder zumindest Reduzierung der Legion kennend, habe dieser gegenüber seinem Offizier Felix und dessen Schwester Regula eine Warnung ausgesprochen, um diese zu retten. Zunächst konnten die beiden sich der Verfolgung entziehen und gelangten auf der Flucht in das Gebiet des heutigen Zürichs. Hier seien sie dann doch noch ergriffen worden, hätten sich aber geweigert ihren Glauben zu verleugnen. Geköpft auf der Limmatinsel, wo heute noch die Wasserkirche steht, hätten die beiden ihre Köpfe

Die Struktur des linken Limmatufers aus dem 9. Jahrhundert ist immer noch gut zu erkennen – von links: der grüne Turm von Fraumünster, der Turm von St. Peter und die Bäume auf dem Lindenhof (Abbildung: Andrea Braun-Henle)

Die Erzählung, dass Karl der Große das Großmünster gegründet habe, nachdem er auf der Jagd auf die Reliquien von Felix und Regula gestoßen sei, wie auf diesem Fries aus dem Großmünster dargestellt, verweist Vogelsanger ins Reich der Legende. Sie sei dem Wunsch entsprungen, die »Gründung auf die strahlende Persönlichkeit des mächtigen Kaisers zurückzuführen«. Barraud Wiener geht davon aus, dass die Institution des Großmünsters in karolingischer Tradition steht. (Abbildung: Andrea Braun-Henle)

ergriffen und seien den Hügel hinaufgestiegen, wo sie dann begraben wurden.

Als Hildegard 853 nach Zürich kam, gab es bereits eine Kaiserpfalz und sicherlich weitere Siedlungsstrukturen. Auch christliches Leben bestand schon seit Jahrhunderten, dessen Mittelpunkt die Verehrung der Heiligen Felix und Regula bildete.

## Neudotierung Fraumünster im Jahr 853

Am 21. Juli 853 schenkte König Ludwig der Deutsche seinem Kloster in Zürich eine Reihe von Besitzungen. Es handelt sich also nicht um eine Neugründung, sondern um die Neudotierung eines bestehenden Klosters.

Ob es sich bei diesem Kloster um eine Vorgängereinrichtung des Großmünsters handelt oder um ein anderes und wo sich dieses befand und wie sich das Ganze mit der weiteren Geschichte vereinbaren lässt, ist viel diskutiert worden. Meiner Ansicht nach begründet Steiner 2012 sehr gut, wie sich das Ganze verhält: Wie alle Quellen einheitlich bekunden, liege das beschenkte Kloster in der Siedlung, in der sich auch die Gebeine von Felix und Regula befinden, aber: »Das Kloster, das Ludwig der Deutsche 853 in den Rang einer königlichen Abtei erhebt, wird weder in der sogenannten Stiftungsurkunde, noch in späteren Schenkungen mit dem Ort der Grablege gleichgesetzt«. Es müsste sonst einen Titel wie *ecclesia sanctorum* tragen. Stattdessen werde es *monasterium nostrum* o.ä. genannt. Laut Barraud Wiener hat es an der Stelle des heutigen Fraumünsters bereits vor 853 Bauten gegeben, von denen angenommen werden kann, »dass es sich bei diesen Vorgängerbauten um das 853 von Ludwig dem Deutschen beschenkte Kloster handelt«.

Steiner fasst zusammen: »Am 21. Juli 853 erhebt König Ludwig

Aus dem frühen 14. Jahrhundert stammt die Darstellung der Heiligen Felix und Regula im Chor von Fraumünster. Gut zu sehen ist, wie sie ihre Köpfe in den Händen halten und dass sich da, wo sie vom Körper getrennt wurden, ein Heiligenschein befindet. Trotz aller Legendenhaftigkeit nimmt man die Existenz der beiden Heiligen, ihr Martyrium und die Grabstätten an der beschriebenen Stelle als historischen Kern der Erzählung an. Den dritten Heiligen, Exuperatius, einen Diener des Geschwisterpaares, habe es dagegen wohl nicht gegeben. (Abbildung: Andrea Braun-Henle)

der Deutsche ein schon bestehendes Nonnenstift in Zürich in den Rang einer Reichsabtei«:

»Deswegen ... sei kundgetan, wie wir ... unsern Hof Zürich, gelegen im Herzogtum Alemannien im Lande Thurgau, mit allem, was bei demselben liegt oder dazugehört oder anderswo davon abhängt, ... und alles, was an den jeweiligen Orten unseres Rechtes und Besitzes und Eigen ist und gegenwärtig zu unseren Händen gehörig erscheint, ganz und vollständig übergeben unserem Kloster, gelegen in demselben Flecken Zürich, allwo der heilige Felix und die heilige Regula, die Blutzeugen Christi, dem Leibe nach ruhen« (nach Vogelgesang).

Dies sind das Gebiet von Zürich, Teile des Gebiets des heutigen Uri und des sogenannten Albisforsts. Damit wird das Kloster »mit einem Schlag zu einem der wichtigsten, wenn nicht zum reichsten Grundbesitzer im damaligen Thur/Zürichgau«.

Weiter beauftragte König Ludwig seine Tochter, den Frauenkonvent zur Einhaltung klösterlicher Regeln, wohl der Benediktinerregel, anzuhalten und übergab ihr alles. Er verlieh dem Kloster außerdem Immunität: »Kein öffentlicher Richter noch Graf ... hat sie in ihren Rechten anzufechten oder zu beeinträchtigen oder einen ihrer Untergebenen, sei er Leibeigener oder Freier, eine Busse oder Leistung abzuverlangen«. Das Kloster wird damit zu einem königlichen Eigenkloster. Vogelsanger macht auf eine weitere Konsequenz aufmerksam: »Nach dem strengen Wortlaut des Textes aber ist die Gewalt der Leiterin und Herrin eine absolute, nur durch die Unterstellung unter den König begrenzt. Hildegard und ihre

Mit eigenhändiger Unterschrift und kaiserlichem Siegel übergibt Ludwig der Deutsche die Besitzungen »unserer geliebtesten Tochter Hildegard (*dilectissimae filiae nostrae hildegardae*)« (Abbildung: Staatsarchiv Zürich, C II 2, Nr. 1)

Nachfolgerinnen sind in eine monarchische Stellung gerückt«. Die bereits beschriebenen machttaktischen Überlegungen Ludwigs werden hier konsequent umgesetzt.

Um diese historischen Fakten ranken sich verschiedene Legenden, die hier nach den Informationen von Vogelsanger kurz wiedergegeben werden.

Die eine erzählt davon, dass die beiden Königstöchter auf der Burg Baldern ihren Wohnsitz gehabt hätten. Von dort seien sie täglich morgens und abends zum Grab von Felix und Regula zur Andacht gegangen. Dabei sei ihnen regelmäßig ein Hirsch mit brennenden Kerzen im Geweih begegnet, der ihnen auf dem Hin- und Rückweg durch den Wald vorangegangen sei. Dies sei als Zeichen des Himmels gedeutet worden und der Warteplatz des Tieres links der Limmat sei zum Standort des Klosters bestimmt worden.

Eine zweite Legende erzählt davon, dass sich der König und seine Töchter über den Ort des Klosterbaus nicht einig gewesen seien, weil der König das Gelände um den Ort, an dem der Hirsch gewartet habe, als sumpfig und nicht als geeignet angesehen habe. Während dieser Diskussion sei ein zu einer Schlinge verknotetes Seil aus dem Himmel auf den Ort an der Limmat gefallen und habe damit diese Streitfrage entschieden. Beiden Legenden gesteht Vogelsanger einen symbolischen, kaum einen historischen Gehalt zu. Es gehe darum, »bestehende Lücken in der Überlieferungsgeschichte aufzufüllen« und »Verbindungslinien zu bedeutenden Gestalten der Vergangenheit« herzustellen.

## Hildegard als erste Äbtissin des Fraumünsters (853–859)

Über Hildegard ist sehr wenig bekannt. Die in den erhaltenen Urkunden verwendeten Adjektive *filia dilectissima* oder *carissima filia nostra* lassen, so Vogelsanger, auf ein herzliches Verhältnis zu ihrem Vater schließen. Ihre Schwester Bertha werde nur als *filia nostra* bezeichnet. Offensichtlich besaß Hildegard die notwendigen Kompetenzen für die Aufgaben einer Äbtissin, habe sie dieses Amt doch bereits in Schwarzach vor ihrer

Das Wandgemälde über den Grabnischen der Gründer-Äbtissinnen zeigt den ersten Teil der Gründungslegende: Wohl nicht aus der Burg Baldern, sondern der viel näher liegenden Kaiserpfalz schauen der Kaiser und zwei weitere Personen mit gefalteten Händen auf das Tun der beiden Königstöchter. Bei der heutigen Abbildung handelt es sich um die Reproduktion von 2006 einer Kopie, die Frank Hegis 1847 angefertigt hat. Das in der Reformationszeit übermalte Bild stammt ursprünglich aus der Zeit um das Jahr 1300. (Abbildung: Andrea Braun-Henle)

Mutter und ihren Schwestern erhalten und dort neun Jahre »mit Würde und Geschick [ausgeführt], wie ihre nachherige Berufung nach Zürich beweist«, so Vogelsanger. Vogelsanger schließt sich Georg von

Wyss an, der davon ausgeht, dass die Königstochter wohl in Ermangelung anderer standesgemäßer Orte zunächst und auch noch länger in der Kaiserpfalz gewohnt habe. Aufgrund der Tradition gehe man davon aus, dass sie ganz offiziell als Äbtissin eingesetzt gewesen ist.

Auch das Fresko von Paul Bodmer (1932/1958) im Kreuzgang von Fraumünster zeigt die Begegnung der beiden Königstöchter mit dem legendären Hirsch (Abbildung: Andrea Braun-Henle)

Diese Position habe sie ja bereits in Schwarzach innegehabt. Trotzdem trage sie in vielen Texten den weltlichen Titel »Herrin«. Erst im Jahr 1200, im Verbrüderungsbuch der Reichenau, werde sie Äbtissin genannt. Dort erst trage sie auch den Titel der *praeposita engilfrit*, also derjenigen, die das geistliche Leben der Abtei verantwortet. Möglicherweise habe der Schwerpunkt ihrer Tätigkeiten im äußeren Aufbau des Klosters gelegen, weniger im Bereich der Spiritualität. Dafür spreche auch eine weitere Schenkung König Ludwigs im Jahr 858, nämlich die des Hofes Cham, die auf ausdrücklichen Wunsch von Hildegard erfolgt sei.

Offensichtlich ging der Aufbau der Abtei rasch voran. Beim Tod von Hildegard habe die Klostergemeinschaft bereits aus 19 Nonnen bestanden. Vogelsanger zitiert ihre Namen aus dem *Liber societatum Augiensium*: »Woher sie kamen, auf welche Art geistlicher Berufung sich ihre Rekrutierung stützte, wissen wir nicht. ... Sie hiessen: Engilfrit, Hiltibruc, Adaldiu, Vuildrud, Nuata, Ruadsind, Kisila, Cotesdiu, Patchilt, Heilrat, Vualterat, Adaldiu, Ruaddrud, Vuieldrud, Nuota, Engilfrit, Adaluuic, Vuirtun, Engila.« Eine Urkunde vom 12.3.857 belohne nach dem Tode Hildegards einen Geistlichen, der vermutlich der erste »Fraumünsterpfarrer« gewesen sei.

Vogelsanger macht deutlich, dass es Hinweise in verschiedenen Traditionssträngen, wie beispielsweise in der Schenkungsurkunde von Cham, darauf gebe, dass der Bau der Kirche von Fraumünster bereits unter Hildegard begonnen habe. Sicherlich stammten die Mittel für den Bau, Vogelsanger nennt ihn eine »aussergewöhnlich stattliche karolingische Basilika«, aus den umfangreichen Schenkungen an das Kloster. Planende und Arbeitende seien sicherlich aus der nahen und fernen Umgebung gekommen.

Bereits wenige Jahre später starb Hildegard, wahrscheinlich am 23.12.859, auch wenn es in Bezug auf das Sterbejahr noch eine andere Überlieferung gibt. Laut Vogelsanger wurde sie damals schon als Heilige verehrt. Dabei handelt es

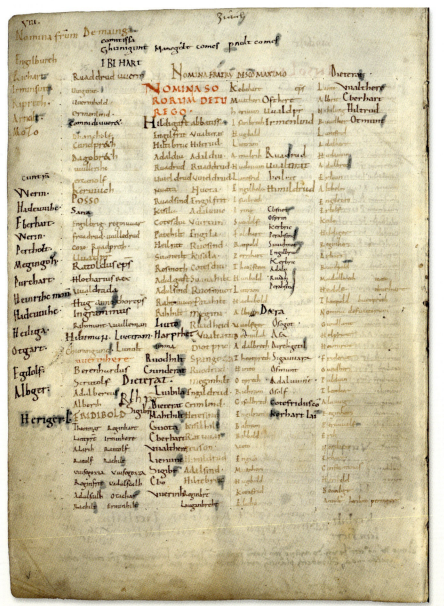

Das Reichenauer Verbrüderungsbuch zählt im 12. Jahrhundert die ersten Äbtissinnen von Fraumünster auf. Hildegard wird an erster Stelle genannt. (Abbildung: Zürich Zentralbibliothek, Ms. Rh. hist. 27: Reichenauer Verbrüderungsbuch)

sich vermutlich lediglich um eine Zuschreibung, Spuren für eine formale Heiligsprechung ließen sich bis zum jetzigen Zeitpunkt nicht finden.

Im 9. Jahrhundert verfasste mutmaßlich der St. Gallener Mönch Ratpert für das Epitaph ihres Grabes folgendes Gedicht:

*»Unter dem Hügel dieses Grabes liegt Christi würdigste Jungfrau, Hildigarda im Glanz, ragend in Sitte und Zucht.*
*Tochter war sie eines Königs, des Ludwigs erhabener Artung.*
*Eigenem Streben gemäß weiht sie Gott ihr Gemüt.*
*Diesen heiligen Bau auf festem Grund hat errichtet*

*Mit dem Vater zugleich, Ludwig, dem Fürsten des Lands,*
*Hildigarda voll Macht, des Christs verherrlichte Jungfrau.*
*Ihr gewähre nun Gott Freuden des ewigen Heils.«*

## Bertha als zweite Äbtissin (vor 839–877) und die Fertigstellung der Kirche

Bertha folgte, wie bereits erwähnt, Hildigard zwei Mal in der Funktion der Äbtissin nach, zunächst in Schwarzach, dann in Zürich. Das zweite Amt dürfte die bedeutendere Aufgabe gewesen sein. Anfängliche Schwierigkeiten in Zürich wurden offensichtlich schnell geklärt. In einer Urkunde vom 27. Oktober 863, auf ausdrücklichen Wunsch ihrer Mutter Königin Hemma, »bestätigt der König in einem Immunitätsbrief die Übertragung aller Rechte und Güter in Zürich auf seine Tochter Bertha«. Die Klärung scheint den gewünschten Erfolg gehabt zu haben: »Die nachherige Entwicklung zeigt, dass sich Äbtissin Bertha – unter dem Schutz ihres Vaters und später ihres Bruders Karl III. – als kluge und energische Leiterin ihres Konventes im Inneren und als ›allezeit Mehrerin ihres Reiches‹ nach aussen erwiesen hat« (Vogelsanger). Das Kloster genoss offensichtlich ein hohes Ansehen, begann doch »die über Jahrhunderte hinweg währende Strähne reicher Schenkungen an die Abtei zu fliessen«. Eine weitere Schenkung sei eine Art Dankeschön für die Vermittlung in einer wichtigen Angelegenheit ihres Cousins Lothar II., den König von Mittelfranken, gewesen. Dieser sei durch die Affäre rund um seine Ehescheidung bei Papst Nikolaus I. in den Bann und bei den karolingischen Verwandten in Misskredit geraten. Nach jahrelangen Konflikten und Unsicherheiten sei es mithilfe der Vermittlung Berthas zu einer Aussöhnung mit Kaiser Ludwig dem Deutschen gekommen. Die umfangreichen Besitzungen im Elsass, die er ihr persönlich in einer Urkunde vom 22. Januar 869 geschenkt hat, seien dafür als Anerkennung durchaus angemessen gewesen.

Ihr für die Nachwelt sicher bedeutendstes Werk war aber die Fertigstellung des Kirchenbaus, den ihre Schwester Hildegard begonnenen hatte. »Das Werk hat die Zeitgenossen in ehrfürchtiges Staunen versetzt. Mirifice constructum [Übersetzung: wunderbares / erstaunliches Bauwerk] nennt begeistert der Bruder Karl der Dicke das neue Münster. Und das Preisgedicht eines (vermutlichen) Augenzeugen der Einweihung schildert dessen Pracht mit leuchtenden Farben: »die Doppelreihe hoher, geschliffener Säulen; die Skulpturen, die deren Kapitele zierten; die bemalte Decke und das Farbenspiel der Farbenfenster, für jene Zeit einmalig und erstmalig. Dazu viel Zierat in Erz, Silber und Gold, der oben und unten die Wände schmückten« (Vogelsanger). Das Zürcher Fraumünster sei entsprechend dem St. Gallener Klosterplan als eine der ersten dreischiffigen Säulenbasiliken mit Querschiff erbaut worden, also in Form eines lateinischen Kreuzes. Außerdem habe es zwei Apsiden an den Seitenschiffen besessen.

Vollendet wurde der Bau wahrscheinlich 874 und von Bischof Gebhard von Konstanz eingeweiht.

In der sog. Archäologischen Krypta von Fraumünster wird ein Kämpferkapitell gezeigt, das aus der karolingischen Kirche, also aus der zweiten Hälfte des 9. Jahrhunderts, stammt (Abbildung: Andrea Braun-Henle)

Dies sei, so Vogelsanger, mit großer öffentlicher Anteilnahme geschehen. Ein Teil der Reliquien sollen aus dem Märtyrergrab in die neu gebaute Kirche gebracht worden sein. »Dass die unter den Äbtissinnen aus königlichem Geblüt gebaute Kirche, das ›Fraumünster‹ spätestens bei seiner Weihe über einen Felix- und Regula-Altar und folglich über Reliquien verfügt haben muss, versteht sich von selbst« (Steiner). Der Tag der Weihe, so Vogelsanger, der 11. September, sei als Festtag für die Stadt und die Gegend festgelegt worden. Die Kirche solle an diesem Tag den Titel einer Titularkirche der beiden Heiligen erhalten haben, den sie später mit dem Großmünster geteilt habe. »Dadurch [die Erhebung des Fraumünsters in den Rang einer Reichsabtei] und durch die Translation der Reliquien der Heiligen Felix und Regula anlässlich der Weihe des linksufrigen Münsters durch Bischof Gerhard von Konstanz um 874 erwächst dem Chorherrenkonvent auf der rechten Limmatseite ein mächtiger Rivale« (Steiner).

Der 11. September ist bis heute der Kirchweihtag in Zürich. Abteikirche zu Felix und Regula sei, so Vogelsanger, der Titel der Kirche bis zur Reformation gewesen. Vogelsanger weist außerdem darauf hin, dass »Fraumünster« nicht etwa auf eine Marienkirche hinweise,

Der zweite Teil des Freskos über den Grabnischen zeigt die Legende von der Übertragung der Reliquien der Heiligen in die Fraumünsterkirche (mit damals noch zwei Türmen), die rechts im Bild zu sehen ist. Hochrangige Personen, ein König, vermutlich Karl der Dicke, und viele Bischöfe begleiten den Zug. Ein Engel streut Rosen auf die Särge. Kranke säumen den Weg und erhoffen sich Linderung ihrer Leiden. (Abbildung: Andrea Braun-Henle)

ego. Berchta

In der Urkunde vom 18. März 877 vermacht Bertha ihre privaten Güter im Elsass dem Fraumünster. Diese enthält nach einer Eingangsformel ihren Namen »ego, Berchta« (Ich, Bertha). (Abbildung: Staatsarchiv Zürich, C II 2, Nr. 2b)

Das Modell zeigt Zürich um 890. Deutlich sind auf dem rechten Limmatufer (links) das Großmünster und die Wasserkirche zu erkennen. Auf dem linken sieht man von links nach rechts die Kaiserpfalz, St. Peter und das von der dreischiffigen Kirche geprägte Fraumünster. (Ausschnitt aus der Abbildung: Stadtarchäologie Zürich/Oliver Lüde, 2004)

sondern »Kirche der Frauen« bedeute.

Bertha ist möglicherweise auch Äbtissin von Säckingen gewesen (vgl. Kaiser). Sie starb am 24. März 877. Kurz vorher, am 18. März 877, habe sie die von Lothar II. erhaltenen Güter, die ihr ja persönlich gehörten, dem Kloster geschenkt, als Opfer an Gott und um die Versorgung der Nonnen auch zukünftig sicherzustellen (vgl. Vogelsanger).

Im genannten Preisgedicht wird über Bertha gesagt:

»Die Tochter des streitbaren und zum Kampf überaus tüchtigen, des gottesfürchtigen, frommen und in all seinem Herrschen gerechten, erlauchten Königs der Germanen, Ludwigs, und dahingegangene Schwester Karls, des jetzigen erhabenen Kaisers – oder aber mit ihrem eigenen Namen: die erlauchteste Bertha – hat ein Gotteshaus von schönem Bau errichtet …«

Am Ende des 9. Jahrhunderts zeigt sich Zürich als eine klar strukturierte Stadt am Ufer des Zürichsees.

# Die weitere Geschichte von Fraumünster

Bis heute hat Fraumünster eine bewegte Geschichte, die hier nicht dargestellt werden kann. Die *sorores fundatrices*, die Gründungsschwestern, wie sie laut Vogelsanger in den Quellen bezeichnet werden, spielen dabei immer wieder eine Rolle. Irene Gysels Verdienst ist es, auf eine weitere interessante Spur des Wirkens der beiden Schwestern aufmerksam gemacht zu haben: »Und dann gibt es noch die Legende, dass es Hildegard, die erste Äbtissin des Fraumünsters, gewesen sei, die zusammen mit ihrer Schwester als Gründerin der Abtei verehrt wird, die das Muttergottesbild vom Frau-

Das Wappen der letzten Äbtissin, Katharina von Zimmern, zeigt natürlich das Wappen ihrer Familie, des Geschlechts der Zimmern, das in Meßkirch zu Hause war. Die beiden anderen Viertel stehen mit den Heiligen Felix und Regula für ihre Funktion als Äbtissin des Fraumünsters. (Abbildung: Württembergische Landesbibliothek, Stuttgart.)

münster nach Einsiedeln habe tragen lassen« und damit eine wichtige Rolle bei der dortigen Klostergründung gespielt habe. Die genauen Umstände seien allerdings unklar.

Die Neugestaltung des Fraumünsters habe laut Kaiser 1272 zu einer Umbettung der beiden Schwestern in die heute noch sichtbare Grabnische im südlichen Teil des Querschiffs geführt.

Für die beiden Klostergründerinnen sei 1311 eine sogenannte Seelgerätstiftung eingerichtet, also eine Spende gemacht worden, die dafür sorgte, dass am jeweiligen Todestag eine Messe gelesen wurde. Für Bertha wird hier der 26. März und für Hildegard der 29. November genannt. 2023 wurde im Rahmen des Projektes »Frauenstraßennamen« eine Straße in Zürich nach Hildegard benannt. Dazu wurde ein Videoporträt erstellt (vgl. Stadt Zürich 2024).

Die letzte Äbtissin des Fraumünsters war Katharina von Zimmern (1478–1531). Sie übergab 1524 in den Wirren der Reformation die Abtei an die Stadt Zürich. Sie wollte damit »die Stadt vor Unruhe und Ungemach bewahren und tun, was Zürich lieb und dienlich ist«, wie es an dem für sie 2004 im ehemaligen Kreuzgang des Fraumünsters errichteten Erinnerungsort zu lesen ist. Ihr wurde 2024 in vielen beeindruckenden Veranstaltungen von »500 Jahre Übergabe Fraumünster – Katharina von Zimmern – Äbtissin, Stadtherrin, Wegbereiterin« in Zürich gedacht. Der sogenannte Katharinen-Turm dokumentierte die Namen von Frauen, die Zürich wirtschaftlich, politisch und gesellschaftlich mitgestalteten und mitgestalten. »Natürlich sind Hildegard und Bertha auch dabei, sie sind ja die Basis von allem«, sagt Veronika Buchegger von der Gesellschaft Fraumünster und dem Verein Katharinen-Turm. Mit Katharina als 29. Äbtissin endete die Geschichte von Fraumünster als Abtei, die mit Hildegard und Bertha begonnen hat, aber es endet nicht die Geschichte der engagierten Züricher Frauen.

Für Ihre Unterstützung bedanke ich mich bei den kompetenten Frauen rund um das Fraumünster, besonders bei Veronika Buchegger und Irene Gysel, außerdem bei den genannten Einrichtungen.

**Literatur**

*Abtei Münsterschwarzach: https://www.abtei-muensterschwarzach.de/kloster/geschichte, Datum des Zugriffs: 17.06.2024.*

*Abbeg, Regine/ Barraud Wiener, Christine/Wild, Dölf: Das Fraumünster in Zürich. Schweizerische Kunstführer. Bern 2018.*

*Barraud Wiener, Christine: Diesseits und jenseits der Limmat. In: Niederhäuser, Peter/Wild, Dölf (Hrsg.): Das Fraumünster in Zürich. Von der Königsabtei zur Stadtkirche. Zürich 2012, S. 15–30.*

*Braun-Henle, Andrea: Irmengard (831/833–866) – karolingische Königstochter und Selige des Chiemgaus. In: Chronik Karolingische Klosterstadt, Meßkirch 2018, S. 54– 63.*

*Dopsch, Heinz: Gründung und Frühgeschichte des Klosters Frauenchiemsee bis zum Tod der seligen Irmengard. In: Brugger, Walter/Weitlauff, Manfred (Hrsg.): Kloster Frauenchiemsee 782–2003 / Geschichte, Kunst, Wirtschaft und Kultur einer altbayrischen Benediktinerinnenabtei. Weißenhorn 2003, S. 29–56.*

*Gysel, Irene: Katharina von Zimmern. Flüchtlingskind, Äbtissin, Bürgerin von Zürich. Zürich 2024.*

*Gysel, Werner: Das Chorherrenstift am Großmünster. Von den Anfängen im 9. Jahrhundert bis zur Züricher Reformation unter Huldrych Zwingli. Zürich 2010.*

*Hartmann, Gerhard/Schnith, Karl (Hrsg.): Die Kaiser. 1200 Jahre europäische Geschichte. Wiesbaden 2006.*

*Mahr, Johannes. Münsterschwarzach 1200 Jahre einer fränkischen Abtei. Münsterschwarzach 2015.*

*Kaiser, Reinhold: Berta. In: Historisches Lexikon der Schweiz (HLS), Version vom 11.07.2002. https://hls-dhs-dss.ch, Datum des Zugriffs: 10.07.2024.*

*Stadt Zürich: https://www.stadt-zuerich.ch/site/frauenstrassennamen/de/index/aebtissin-hildegard.html, Datum des Zugriffs: 11.09.2024.*

*Steiner, Hannes: Die Fraumünsterstiftung von 853 im Kontext der frühen Kirchengeschichte Zürichs. In: Niederhäuser, Peter/Wild, Dölf (Hrsg.): Das Fraumünster in Zürich. Von der Königsabtei zur Stadtkirche. Zürich 2012, S. 31–45.*

*Vogelsanger, Peter: Zürich und sein Fraumünster. Eine elfhundertjährige Geschichte 853–1956, Zürich 1994.*

## »Das Oratorium sei, was sein Name besagt, Haus des Gebetes!«[1] Die Abteikirche im St. Galler Klosterplan[2] — 1. Teil: Quellen in der Regel Benedikts und in anderen Texten[3], erste Beobachtungen des Mittelschiffs

Jakobus Kaffanke OSB

In den vergangenen Jahren wurde in den Chronik-Bänden des Freundeskreises Karolingische Klosterstadt Meßkirch schon mehrfach zur Geschichte des Klosterplanes, der Klöster Reichenau (dort wurde der Plan geschaffen) und St. Gallen (dort wird er seit Jahrhunderten aufbewahrt) geschrieben und zuletzt auch detailliert einzelne Aspekte, Gebäude und Funktionen vorgestellt. Gemeinsam mit Herrn Prof. Dr. Ernst Tremp will der Autor in drei Anläufen das größte Gebäude des Planes, die Abteikirche, vorstellen und unter die Lupe nehmen. In diesem ersten Teil sollen Quellen herangezogen werden, um einen Zugang zu diesem Welterbe der Architekturgeschichte zu gewinnen. Neben der Benediktsregel und dem Einfluss des ägyptischen Mönchtums ist auch das irische Mönchtum, das um 600 mit Columban und Gallus den Bodensee und Italien erreichte, in die Betrachtung einzubeziehen. Sodann wird ein erster Gang durch das Mittelschiff der Kirche beschrieben.

## Einführung

Der St. Galler Klosterplan ist eines der ältesten Architekturdokumente, dazu noch ein sehr differenziertes und gehaltsvolles. Es geht nicht nur um ein Gebäude, sondern um einen ganzen Komplex unterschiedlicher kultureller und kommerzieller Häuser, die zusammen agieren und als religiöses Zentrum eine überragende Funktion im Karolingerreich des europäischen Frühmittelalters einnahmen. Am Weihnachtsfest des Jahres 800 wird Karl der Große, der einen Großteil West- und Mitteleuropas dem fränkischen Königreich einverleibt hatte, zum Römischen Kaiser gekrönt. Er knüpfte als germanischer Herrscher an römische Traditionen an und begann einen Wiederaufbau der kulturellen, kommerziellen, militärischen und politischen Institutionen in Europa. Wir wollen auf den kommenden Seiten erfahren, wie Karl sehr bewusst auf die römische Kirche und da besonders auf das benediktinische Mönchtum als kulturellem und religiösem Übermittler des Christentums und der antiken Kultur setzte.

## Das frühchristliche Mönchtum

Der im umbrischen Nursia um 480 in einer reichen und einflussreichen Familie geborene Benedikt von Nursia wurde um 500 zum Studium nach Rom geschickt, so schrieb es etwa einhundert Jah-

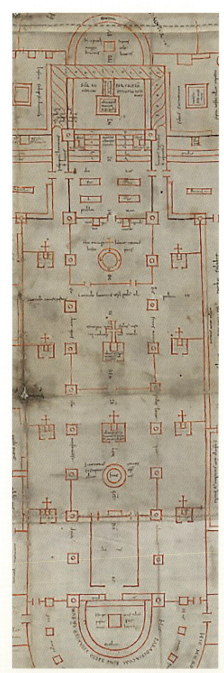 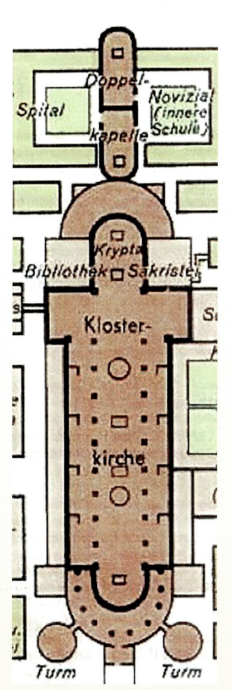

re später Papst Gregor der Große († 604) in der Vita Benedikts[4]. Der Name Benedikt (der Gesegnete) lässt an den hebräischen Namen Baruch (ebenfalls: der Gesegnete) denken. So kam einer meiner Mitbrüder[5], der selbst ein deutscher Jude aus Berlin war, aber 1930 zum Christentum konvertierte, in Beuron Mönch wurde und den Klosternamen Paulus erhielt, auf den Gedanken, dass Benedikt evtl. aus einer ehemals jüdischen Familie stammen könnte[6]. Benedikt ging nach Rom, löste sich aber bald aus dem studentischen Milieu der Großstadt. Er kam in das 40 Kilometer entfernte Dorf Enfide und zog weiter in die gebirgige Einöde der Apenninen nach Subiaco, wo er drei Jahre als Einsiedler in einer Höhle seine monastischen Grunderfahrungen machte. Erste Novizen, Kandidaten für eine klösterliche Gemeinschaft, klopften bei ihm an, die er Schritt für Schritt in das geistliche Leben einführte. Er bildete mit ihnen kleine Gruppen (Dekanien/ Zehnergruppen), die er jeweils in separaten Häusern unterbrachte und durch einen von ihm eingesetz-

Abb. 1 SGK Das Mittelschiff der Klosterkirche

Abb. 2 Schema des St. Galler Klosterplans, Abteikirche

ten Dekan leiten ließ. Dreißig Jahre später zog er, nach innerkirchlichen Spannungen mit einer kleinen Gruppe, nochmals ca. 60 Kilometer weiter und gründete 529 sein letztes Kloster auf dem Monte Cassino, in der Nähe von Neapel.

Zu diesem Zeitpunkt zogen germanische Stämme zeitweise durch Italien (West- und Ostgoten, Langobarden) und verheerten das Land. Dabei kam es auch zu einer Begegnung mit dem Gotenkönig Totila[7], der Benedikt ehrfürchtig respektierte. Benedikt verfasste gegen Ende seines Lebens um 540/60 eine Mönchsregel, die mit dem Signalwort *Audi* (= Höre!) beginnt, wie auch das wichtigste jüdische Gebet *Schema Israel* (= Höre Israel) mit dem Aufruf zum Horchen anfängt, wobei es ein Hören des Herzens ist (»Neige das Ohr Deines Herzens«).[8] In der Regula Benedicti wird fast 200-mal der Mönchsvater Johannes Cassianus († 435 Marseille) zitiert, der um 390 längere Zeit in der ägyptischen Wüste bei dem griechischen Wüstenvater Evagrios Ponticos (»Philosoph der Wüste«, † 399 Kellia) verbrachte, dann nach Südgallien weiterzog, dort Klöster gründete und spirituelle Schriften verfasste. So schöpfte Benedikt einhundert Jahre später aus diesen Quellen, die dann zur Grundlage des europäischen Mönchtums wurden. Über die Texte des Vaters Cassianus ist Benedikt tief mit dem ägyptischen Eremitentum verbunden. Die Benediktsregel liegt den später gegründeten Klöstern im Karolingerreich, so in St. Gallen, auf der Reichenau sowie in Hunderten weiterer Klöster, teilweise bis heute als spiritueller Leittext zugrunde. Auch die Schöpfer und Gestalter des St. Galler Klosterplanes nutzten viele Hinweise in den 73 Kapiteln der Benediktsregel, um die äußere Organisation der Gebäude und ihre innere Ausstattung mönchsgerecht zu gestalten.

Die Forschungsgeschichte zum St. Galler Klosterplan kam erst in der Neuzeit ab 1600 so recht ins Laufen. Freilich wusste man schon früher, dass eine zweite Kraft bei der Entstehung des europäischen Mönchtums zu berücksichtigen ist. Neben den religiösen und kulturellen Einflüssen aus dem Süden,

Abb. 3 Der heilige Benedikt, Erzabtei St. Martin, Beuron

also direkt aus dem Mittelmeergebiet, hat eine zweite monastische und kulturelle Kraft lange Zeit auf Mitteleuropa gewirkt, aber weniger Aufmerksamkeit bekommen. Schon im 4. und 5. Jahrhundert erfuhr die irische Insel, die von römischem Einfluss und Truppen stets frei geblieben war, christliche Impulse aus dem Mittelmeerraum direkt über die Seewege der Handelsschifffahrt. Im Zuge der Bronzezeit, in der aus Kupfer und Zinn Bronze hergestellt wurde, gab es einen intensiven Handelsverkehr, um Zinn aus Südengland und Irland in das östliche Mittelmeer zu verschiffen. Die drei großen Heiligengestalten Irlands waren der hl. Patrick († 461), die hl. Brigit von Kildare († um 526) und der hl. Columban der Ältere (von Iona, † 597). Schon ab 500 pilgerten zahlreiche Mönche von Irland quer über den Kontinent, durch Gallien, die Vogesen, den Bodenseeraum und die Alpen nach Rom – manchmal auch bis ins Heilige Land[9] –, um sich an den Quellen des Christentums in Rom und Jerusalem den Segen der Bischöfe zu holen. Bekannt und wichtig ist die Pilgerreise Columbans des Jüngeren (Bobbio † 615) und seiner zwölf Schüler durch das Frankenreich, mit der Gründung von Klöstern in Burgund und am Bodensee, bis nach Bobbio in Italien. Gallus († 640), einer seiner Mönche, blieb am Bodensee und gründete um 600 eine Zelle bei Bregenz, Arbon/Bodensee und an der Steinach, aus der etwa hundert Jahre später das Kloster St. Gallen hervorging. Über Jahrhunderte hinweg bildeten die sogenannten Schottenklöster mit ihrer irischen Spiritualität eine fruchtbare Ergänzung zu den monastischen Traditionen der italischen und gallisch/fränkischen Klöster.

## Die Abteikirche im St. Galler Klosterplan

Wenn wir uns den Sankt Galler Klosterplan anschauen, dann fällt sofort der große zentrale Komplex in der Mitte der historischen Karte auf: Das größte Gebäude des St. Galler Klosterplanes von 820 ist die Abteikirche, die mit Sakristei, einem Raum für Gefäße und Kleider, einem weiteren Raum für Bücher sowie einem Schreibsaal mit anliegendem Klaustrum das Herzstück des karolingischen Benediktinerklosters bildet. Grundlage des St. Galler Klosterplans ist wie bereits gesagt die Mönchsregel des Benedikt von Nursia, die *Regula Benedicti*, die der abendländische Mönchsvater um 540 verfasste. In 73 Kapitel werden die für die Mönchsgemeinschaft notwendigen Gebäude genannt, die das profane und spirituelle Leben der Gemeinschaft organisieren. Abt und Mönche leben abgeschieden »von der Welt«, um tiefer in sich und in die innere Beziehung zum göttlichen Geheimnis zu gelangen. Diese Abgeschiedenheit, Klausur genannt, ist gleichzeitig für gottsuchende Gäste bedingt offen, soweit sie das monastische Leben nicht stören. Die Benediktsregel bietet für gottesdienstliche Räume drei Bezeichnungen an: das Oratorium (der Gebetsraum),[10] die Ekklesia (Kirche, der Raum der »Berufenen«)[11] und der Tempel (der geweihter Raum).[12] An dieser Stelle sei noch einmal auf eine zweite Schrift hingewiesen, die uns hilft, den Sankt Galler Klosterplan tiefer zu verstehen. Die schon erwähnte »Vita des heiligen Benedikt« von Papst Gregor I. wurde bereits 40 Jahre nach Benedikts Tod, als noch viele seiner Mönche lebten und Kunde geben konnten, niedergeschrieben. Wir können den jungen Benedikt gleichsam auf seinem Weg vom Eremiten in der Höhle von Subiaco zum Abt der aufwachsenden klösterlichen Gemeinschaft mit verschiedenen »Oratorien« (Raum des Gebetes) und einer »Ekklesia« (Kirche) bis hin zum »Coenobion« (Gemeinschaftskloster) auf dem Monte Cassino, wo er in der Abteikirche am offenen Grab stirbt und begraben wird, begleiten.

## Das Mittlere Kirchenschiff des Klosterplanes – Altäre und Pulte

Wenden wir uns also nun der Abteikirche des Klosterplanes zu, die hier als *sanctum templum* bezeichnet wird, dem wichtigsten Ort des gemeinsamen Gottesdienstes. Sie liegt auf der liturgisch üblichen Ost-West-Achse. Priester und Gemeinde schauen nach Osten, erwarten die aufgehende Sonne, in der Christus als der Auferstandene oder als die offene Tür zum Himmelreich verehrt wird. Der Westen hingegen wird als Ort der untergehenden Sonne, der Dunkelheit und dem Bereich des *Diabolos*, des Verwirrers, zugeordnet. Beim Singen der Psalmen und allen anderen Gebeten standen und stehen Mönche und Nonnen aufrecht (*chorus psallentium*); im Klosterplan befindet sich dieser Ort im vordersten Teil des Mittelschiffs vor den fünf Stufen, die zwischen den Seitenaltären des hl. Benedikt (links) und des hl. Columban (rechts)[13] zum Altarraum aufsteigen.

Im Altarraum befindet sich eine Krypta zur Verehrung der Gottesmutter Maria und des Einsiedlers Gallus († 640), dem spirituellen Gründer des Klosters an der Steinach (Altar der heiligen Maria und des heiligen Gallus/*altare sanctae mariae et sancti galli*), und darüber steht in großen Buchstaben: SANCTA SUPER CRIPTAM SANCTORUM STRUCTANITEBUNT (über der Krypta soll das Allerheiligste erglänzen).

Vor dem Altarraum finden wir noch die Apsis, die das Grab des heiligen Paulus bewahrt mit den Einträgen: »Hier feiern wir würdig die Ehre des großen Paulus; Hic pauli dignos magi celebramus honores« und »das Bogengewölbe«; »introlutio arcuum« und »halbrunder Anbau (Ostapsis)«.

In der dreischiffigen Basilika finden wir insgesamt 17 Altäre, von denen hier einige aufgezeichnet werden sollen, um die spirituellen Akzente wahrzunehmen, die zu dieser Zeit am Bodensee gesetzt wurden. Es sind dies: Im Querschiff die heiligen Apostel Andreas (Südseite), Philippus und Jakobus (Nordseite).

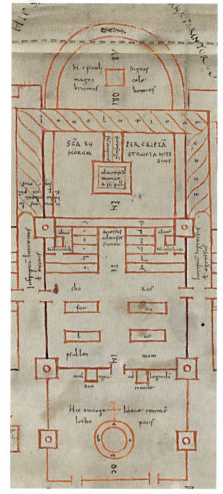

Abb. 4 Die Mittelachse der Abteikirche, vorne

In der Hauptachse des Mittelschiffes finden wir den Kreuzaltar (*altare sancti salvatoris ad crucem*), nach Meinung der Kenner neben der römischen Lateranbasilika wohl die früheste Verehrung Christi als Salvator, als Erlöser der Menschen, der Christenheit. Wenige Schritte weiter befindet sich der Altar der beiden Johannesse[14] (*altare sancti iohannis bapstitae et sancti johannis evangelistae*), danach kommt der Taufbrunnen (FONS) in der Nähe des Westportals.

Weitere Altäre sind gewidmet den Hll. Stephanus, Laurentius, Mauritius, Sebastian, den Unschuldigen Kinder und Martin von Tours sowie den vier heiligen Frauen: Lucia, Caecilia, Agatha und Agnes. Hinzu kommen noch Altäre der Erzengel Michael und Gabriel in den beiden Turmkammern.

Damit haben wir das Mittelschiff weitgehend abgeschritten. In den an der Westseite der Abteikirche freistehenden runden Türmen befinden sich in den oberen Stockwerken je eine weitere kleine Kapelle. Es ist vermerkt: »Aufstieg über eine Wendeltreppe, um alles zu überschauen« sowie »In der Spitze (des Nordwestturms) ein Altar des heiligen Erzengels Michael« und »ein ähnlicher (Aufstieg im Südwestturm)« sowie »in der Spitze ein Altar des heiligen Erzengels Gabriel«.

Zu dieser Vielfalt der zumeist heiligen Märtyrer und Märtyre-

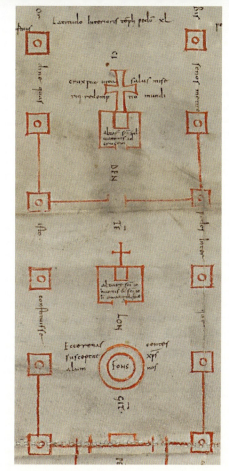

Abb. 5 Abteikirche, Mittelschiff im Westen

rinnen kommen noch weitere Bekenner hinzu. In einem folgenden Beitrag wird man die spirituelle Ausrichtung der Klosterkirche weiter beschreiben und ausloten.

An dieser großen Klosterkirche befinden sich noch die üblichen liturgischen Dienst- und Nebenräume: die Bibliothek mit Scriptorium und die Sakristei mit Kleiderraum.

## Das Skriptorium/die Bibliothek

Dieser Gebäudeteil befindet sich an der linken Seite der Ostapsis der Kirche und ist zweistöckig. Die Schreibstube, das Skriptorium befindet sich im unteren Erdgeschoss, während sich die Bibliothek, der Aufbewahrungsraum für die handschriftlichen Werke, im oberen Bereich des Hauses befindet. In der Handschrift finden sich die Eintragungen: »unten die Schreibersitze« und »oben die Bibliothek«; sodann pragmatisch der Hinweis: »Eingang zur Bibliothek weiter oben über der Krypta«.

Die für eine große Klosterkirche wichtige Sakristei befindet sich rechts der Ostapsis, dort wo der Einzug des Mönchskonventes aus dem Gang des Klaustrums in die Kirche stattfindet. Auch hier finden wir einen doppelstöckigen Anbau, den die Inschriften klar gliedern:

Abb. 6 Die Bibliothek und das Skriptorium

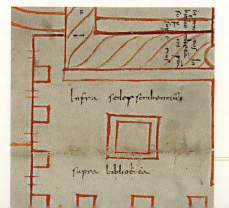

85

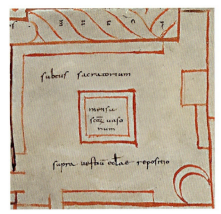

Abb. 7 Die Sakristei und Kleiderkammer

*subtus sacratorium* – unten die Sakristei/oben die Kleiderkammer der Kirche – *supra uestium eclesiae reposito*. Der Tisch in der Mitte des wohl unteren Raumes hat die Inschrift: *mensa sanctorium uasorum* – Tisch für die heiligen Gefäße. Aus diesen wenigen aber klaren Hinweisen kann man die Funktionalität dieser Räumlichkeiten erkennen, zumal dann, wenn man verschiedene Klostersakristeien bereits kennengelernt hat.

# Ausklang

Damit soll ein erster Durchgang durch die Abteikirche, wie sie die Mönchsarchitekten in den Klöstern Reichenau und St. Gallen vor Augen hatten, ausklingen. Wichtig war es aufzuzeigen, dass hier die verschiedenen Einflüsse des abendländischen Mönchtums, sowohl des benediktinischen/italischen wie des kolumbanischen/irischen eingeflossen sind. Dieser Klosterplan hat prägend gewirkt und die tausendjährigen Fundamente gelegt, die bis 1800 treu getragen haben.

1 Regula Benedicti Kapitel 52 Absatz (1), aus: Die Benediktusregel, Lateinisch/Deutsch. Herausgegeben im Auftrag der Salzburger Äbtekonferenz, 4. verbesserte Auflage. Beuroner Kunstverlag, 2006.
2 Ernst Tremp, Der St. Galler Klosterplan, Faksimile, Begleittext, Beischriften und Übersetzung. Herausgeber: Stiftsbibliothek St. Gallen. Verlag am Klosterhof, 2014.
3 Gregor der Große. Der Hl. Benedikt. Buch II der Dialoge lateinisch/deutsch. Herausgegeben im Auftrag der Salzburger Äbtekonferenz. EOS Verlag, Erzabtei St. Ottilien, 1995, S. 235, 8. Kapitel, Absatz 11, Oratorium: »Raum des Gebetes und der Gottesverehrung«; alte Bezeichnung für die Kirche eines Klosters.
4 Wie Anm. 3, S. 103, Absatz 1.
5 Pater Paulus Günter Gordan OSB, † 2000.
6 Der Vorname Benedikt taucht in der Namensforschung zuerst bei dem Ordensgründer selber auf.
7 Wie Anm. 3, S. 147, Kapitel 14 »Die Begegnung mit König Totila«.
8 Wie Anm. 1, S. 67, Prolog Vers 1.
9 Wie Anm. 2, S. 6, Abb. 2. In der Zürcher Landesbibliothek befindet sich eine Abbildung der Grabeskirche in Jerusalem zusammen mit dem Reisebericht (von 688) eines irischen Mönches Adamnan. Die Planzeichnung wurde auf der Reichenau vor 846 erstellt; nach Berschin soll eine der Hände des St. Galler Klosterplans hier tätig gewesen sein.
10 Wie Anm. 1, Oratorium: Regula, Kap. 24 Absatz 4; Kap. 35 Absatz 15; Kap. 44 Absatz 1; Kap. 52 Überschrift; Kap 58, Absatz 17, 28; in der Vita, wie Anm. 3, wird auf S. 235 der Begriff Oratorium definiert: Kapitel 22 sowie an fünf weiteren Stellen. Kapitel 22, Absatz 1 »… geht, ich zeige Euch wo ihr das Oratorium, den Speisesaal, die Unterkunft für Gäste und sonst noch … erbauen sollt«.
11 Wie Anm. 3, Kirche: Kapitel 16,1 »Kirche von Aquin«/Aquinensis ecclesiae Clericus; Kapitel 23, Absatz 4 ecclesia sepultae, »Als in dieser Kirche die Messe gefeiert wurde … und der Diakon rief: Wer die Kommunion nicht empfängt gehe hinaus.«
12 Tempel, lateinisch templum, althochdeutsch tëmpal, Heiligtum, vom Profanen abgegrenzter Bezirk, in dem römische Priester, die Auguren, die Beobachtung und Deutung des Vogelfluges und anderer Zeichen ausübten.
13 Hinweise auf die bereits benannten beiden Quellen des karolingischen Mönchtums: Benedikt im Kloster Monte Cassino/Italien und Columban der Jüngere des Klosters Bangor/Irland.
14 Johannes der Täufer und Johannes der Evangelist.

# »Das Geheimnis des Klosterplans« — ein in der Karolingerzeit spielender Krimi mit Bezug zum Campus Galli
## Zu Besuch bei der Schriftstellerin Monika Küble

Armin Heim

Ruhig liegt der See und schimmert silbern in der fahlen Novembersonne. Der Ausblick vom Arbeitstischchen in Monika Kübles Domizil auf der Insel Reichenau ist zauberhaft. Die herrliche Aussicht, versichert mir die Schriftstellerin, lenke sie aber keinesfalls von der Arbeit ab, sondern wirke auf sie im Gegenteil inspirierend. Wenige Schritte hinter dem Haus erhebt sich eine der drei romanischen Kirchen der Klosterinsel, St. Peter und Paul zu Niederzell mit ihren zwei markanten Spitztürmen. Die Klosterinsel Reichenau ist bis heute ein Ort von ganz ungewöhnlichem Reiz: UNESCO-Weltkulturerbe, Hauptschauplatz karolingischer Kultur, Entstehungsort des weltberühmten St. Galler Klosterplans. Doch nein, nicht ihr unmittelbares Umfeld habe sie zu ihrem Historienroman aus der Karolingerzeit angeregt. Über Jahre hinweg, erzählt Küble, habe sie sich mit dem Spätmittelalter, konkret mit dem Konstanzer Konzil, beschäftigt. Der 800 Seiten

starke Roman »In Nomine Diaboli«, 2013 im Gmeiner-Verlag erschienen, zeugt davon.

Auslöser für den zehn Jahre später erschienenen Roman »Das Geheimnis des Klosterplans« sei, so Küble, 2016 die Karolinger-Tagung im Meßkircher Schloss gewesen. Zum damaligen Tagungsprogramm gehörte auch eine Führung auf Campus Galli. Hierbei sei ihr zum ersten Mal so richtig klar geworden, dass es da noch ein ganz anderes Mittelalter, das Frühmittelalter, gab, von dem sie bis dahin wenig Notiz genommen hatte. An jenem Wochenende aber habe sie Feuer gefangen für die so fremde Welt der Karolinger.

Inzwischen umfasst Kübles umfangreiche Privatbibliothek auch zwei Regallagen Fachliteratur zur Karolingerzeit. »Es ist mir wichtig, dass ich in den Alltag dieser Zeit eintauchen kann«, erklärt sie mir, »dafür brauche ich die nötigen Informationen«. Auch die Campus-Galli-Chroniken finden sich dort in vollständiger Reihe, jede einzelne gespickt mit Klebezetteln und mit zahlreichen Unterstreichungen versehen. Die Fremdheit dieser Zeit, in der allein schon die Namen exotisch wirken, habe sie fasziniert. Vieles, was man gemeinhin mit dem Mittelalter verbinde, habe es damals ja noch gar nicht gegeben. Eine völlig andere Welt, deren Alltag mit der Welt der Kelten mehr Ähnlichkeiten habe als mit dem Spätmittelalter, meint Küble.

Zunächst habe sie viel in der Konstanzer Uni-Bibliothek recherchiert und sei dabei auch auf das Buch von Michael Borgolte über »Die Grafen Alemanniens in merowingischer und karolingischer Zeit« gestoßen. Hieraus habe sie viele Personen ihres Romans entnommen, soweit diese historisch authentisch und nicht frei erfunden sind. Aber auch St. Galler Urkunden, eine alte Altarplatte in der Kirche in Reichenau-Niederzell mit Namensinschriften und natürlich das Verbrüderungsbuch der Abtei Reichenau seien Fundgruben gewesen, aus denen sie sich für die Namensgebung ihrer Romanfiguren bedient habe. In einem Glossar am Ende des Buches wird der Leser aufgeklärt, welche Personen es tatsächlich gegeben hat. Es sei ihr wichtig, ihre Geschichten so zu gestalten, wie sie sich tatsächlich hätten zutragen können. Schlimm finde sie Historienromane, in denen die wirkliche Geschichte zurechtgebogen und verfälscht wird. Aber natürlich habe sie sich überlegt, wie sie Campus Galli in ihren Roman mit hineinbringen könne. Da sei sie in Borgoltes Buch auf den Grafen Karamann aus Dietfurt und den »Festilinperc« in der Mark Vilsingen gestoßen, die in einer St. Galler Urkunde Erwähnung finden. Das sei für sie der Anknüpfungspunkt gewesen, den Roman in Dietfurt beginnen zu lassen, um dann wenigstens im letzten Satz den Bogen zu Campus Galli herstellen zu können. In ihrer fiktiven Geschichte gelobt Graf Karamann in Todesnot die Stiftung eines Klosters. Er schickt seinen Sohn Isenbard zum Kaiser in die Pfalz Bodman und in die Abtei St. Gallen, um Unterstützung für den beabsichtigten Klosterbau zu erlangen. Dann nimmt das Abenteuer seinen Lauf. Das geplante Kloster wird zwar nie errichtet, aber es hätte an der Stelle des heutigen Campus Galli entstehen sollen.

»Wenn man sich entschieden hat, wann der Roman spielen soll, muss man überlegen, was es damals alles gab und was es nicht gab.« Für die Karolingerzeit müsse man da schon sehr genau schauen, erklärt Küble. »Die ganzen Dörfer auf dem Bodanrück kommen zum Beispiel in den Urkunden vor. Dafür existierten die Klöster in Salem, Weingarten oder Stein am Rhein noch nicht.« Und man stoße bei solchen Recherchen immer wieder auf spannende Geschichten, wie z. B. über die drei Brüder Beringer, Reginolf und Gerhard, die versucht haben, ihre Schwester Adelindis aus dem Kloster Buchau zu befreien, und dann vor dem Kloster ermordet aufgefunden wurden … Auch da könnte man ein Buch draus machen, meint Küble. Aber der nächste Roman zur Karolingerzeit muss noch warten. Das aktuelle Projekt der Romanistin ist der Reiseführer »Mit Dante durch Italien«, der in sechs Routen zu den Orten führt, die etwas mit dem Dichter Dante

Alighieri, dem Autor der »Göttlichen Komödie«, zu tun haben. Im März 2025 soll er herauskommen. Und auch einen weiteren Roman hat sie aktuell in Arbeit, der wieder in der Konzilszeit spielt. Aber die Arbeit daran sei 2024 liegengeblieben, da sie wegen des Reichenau-Jubiläums zu fast nichts anderem gekommen sei.

Bevor sie mit dem Schreiben eines Romans beginne, erzählt Küble, sei die Geschichte meistens schon durchkonstruiert. Am Anfang steht der Plot, das Handlungsgerüst, das sie in einzelne Szenen unterteilt, wie bei einem Drehbuch. Dann zeigt mir die Autorin den Block mit Notizen und Skizzen für ihren Roman »Das Geheimnis des Klosterplans«. Da sieht man etwa einen Zeitstrahl, der den Handlungsablauf mit dem realen geschichtlichen Hintergrund in Verbindung setzt, oder ein Schema, in dem die Personen klassifiziert werden in Gute, Böse, Opfer etc. Ein Stück weit müsse man in so einem Roman auch Schwarz-Weiß-Malerei betreiben, sonst fehle die Spannung, meint die Autorin.

Monika Küble schreibt historische Romane, Reiseführer, Sachbücher, Krimis, Kurzgeschichten, Essays ... Eigentlich schreibt sie immer an irgendetwas. Darüber hinaus macht sie Führungen und Lesungen, hält Vorträge und ist auch tätig als Leiterin von Kulturreisen. Sie hat Germanistik, Romanistik und Kunstgeschichte studiert und macht, wie sie selbst sagt, »alles Mögliche, was man mit diesem Studium machen kann«. Eine Patchwork-Existenz.

Zum Schluss nimmt sich Monika Küble noch die Zeit, mit mir die paar Schritte hinüberzugehen zur Kirche St. Peter und Paul von Niederzell, wo wir ein wenig vor altehrwürdigen Mauern karolingische Atmosphäre schnuppern. Dann muss sie aber ihre Koffer packen, denn in wenigen Stunden geht es schon wieder für zwei Wochen auf Reisen. Arrivederci!

*Monika Küble:*
*Das Geheimnis des Klosterplans.*
*Historischer Roman. Gmeiner-Verlag*
*Meßkirch 2023, 443 Seiten, 18 €.*

## Zur Zukunft der Klosterbaustelle
### Interview mit Uta Mahler-Kraus, Vorsitzende des Trägervereins Karolingische Klosterstadt e. V.

Isabell Michelberger

Der Trägerverein Karolingische Klosterstadt e. V. ist sozusagen das Headquarter des Projekts Campus Galli, das aus zehn Personen besteht, davon fünf, die vom Gemeinderat der Stadt Meßkirch bestimmt werden. Der Verein stellt den Geschäftsführer ein sowie das gesamte Personal und trifft zusammen mit dem Geschäftsführer die wichtigen Entscheidungen, vor allem die finanziellen. Seit März 2024 ist Uta Mahler-Kraus Vorsitzende des Vereins. Sie löste Anton Oschwald ab, der von 2016 bis 2024 dem Verein vorstand. Damit hat er Campus Galli in den Jahren des zunehmenden Erfolgs begleitet, aber auch während der schwierigen Situation während der Corona-Pandemie, die eine heftige Zäsur darstellte. Noch heute kämpft das Projekt mit den Nachwirkungen der Corona-Einbrüche, da es vor allem von den Eintrittsgeldern getragen wird.

Die neue Vorsitzende will weiterhin das große Potenzial von Campus Galli betonen und an die Öffentlichkeit tragen. Sie ist stolz auf das gesamte Team, das sich überaus engagiert einbringt, um Campus Galli seinem Ziel, eine Klosterstadt mit den Mittel des 9. Jahrhunderts zu bauen, näherzubringen und den Besuch zu einem Erlebnis zu gestalten.

Uta Mahler-Kraus studierte Kunst und Deutsch auf Lehramt und war in den letzten fünfzehn Jahren vor ihrer Pensionierung Schulentwicklungsberaterin beim Regierungspräsidium Tübingen. 2019 begann sie mit Gästeführungen auf der Klosterbaustelle, vor allem übernimmt sie gerne die museumspädagogischen Führungen von Kindern und Jugendlichen. Ab 2022 war sie darüber hinaus im Beirat des Fördervereins Freundeskreis Karolingische Klosterstadt Campus Galli e. V. Als Vorsitzende des Trägervereins gehört sie nun dessen Vorstand an.

**Seit wann begeistern Sie sich für Campus Galli?**
Ich fand das Projekt von Anfang an, seit der Entscheidungsfindung im Meßkircher Stadtrat, interessant.

**Wie kamen Sie dazu, Gästeführerin zu werden?**
In der Zeit, als es in Meßkirch noch kaum Stadtführungen gab, zeigte ich unseren privaten Gästen sowie als Stadträtin den Gästen der Stadt, was es hier zu sehen gibt. Und als ich mitbekam, dass Campus Galli

Gästeführer sucht, habe ich mich gleich gemeldet.

**Welchen Aspekt daran schätzen Sie besonders?**
Am liebsten übernehme ich die »Begreifen-Führungen« für Kinder und Jugendliche. Ich finde es toll, ihnen das Leben im 9. Jahrhundert aufzuzeigen. Sie dürfen dann selbst anpacken, um sich beispielsweise mit Federkiel und Tinte an den Karolingischen Minuskeln zu versuchen, einen Leinenfaden aus dem Flachs-Halm zu gewinnen oder Schafwolle aufzudrehen. Am meisten lieben es die Kinder, Schnüre zu knüpfen, die sie dann als Armband mit nach Hause nehmen können. Es ist einfach schön, den Kindern das Handwerk nahezubringen und ihre Begeisterung zu sehen.

Bei den Führungen lernt man ganz viele unterschiedliche Leute kennen, was sehr interessant ist. Sie kommen von überall her und bringen die unterschiedlichsten Erwartungen mit, deshalb gestaltet sich jede Führung etwas anders. Vorne an der Kasse, wenn ich auf die Gruppe treffe, entscheide ich spontan, wie meine Führung läuft. Dabei ist meine pädagogische Ausbildung und Praxis äußerst hilfreich. Durch meine Lehrtätigkeit weiß ich, welches Vorwissen die Schülerinnen und Schüler mitbringen und worauf ich aufbauen kann.

**Was ist Ihnen im Rahmen der Führungen wichtig zu vermitteln?**
Ich möchte zeigen, wie toll das Projekt ist und wie nachhaltig die Menschen im 9. Jahrhundert gelebt haben. Da können wir uns heute einiges abschauen. Aber es erstaunt auch viele, wie hart das Leben im frühen Mittelalter war.

**Nach drei Jahren sind Sie dann Beisitzerin im Freundeskreises geworden und im vergangenen Jahr Vorsitzende des Trägervereins.**
Mir gefällt es, wenn ich mich einbringen und mitgestalten kann. Man erfährt dann mehr zu den Hintergründen des Projekts sowie zur Entwicklung.

**Sie haben damit eine große Verantwortung übernommen.**
Ja, dessen war ich mir von Anfang an sehr bewusst. Nachdem ich von verschiedenen Seiten gefragt wurde, ob ich den Vorsitz des Trägervereins übernehmen würde, habe ich mir das gut überlegt und mich auch beraten lassen. Denn ich übernahm die Verantwortung für 45 Mitarbeitende, die mir sehr am Herzen liegen, und für die Gelder, die wir einnehmen und ausgeben. Doch trotzdem ich durch Reisen und unsere sechs Enkelkinder beschäftigt bin, mache ich die Arbeit für Campus Galli gerne. Sie ist so vielfältig. Vor allem sind der Geschäftsführer Hannes Napierala und ich ein gutes Team, sodass wir an einem Strang ziehen, was die Organisation und die Zukunft des Projekts anbelangt. Wir kommen im Gespräch häufig zu den gleichen Ergebnissen. Dass wir gut miteinander funktionieren, bekommen wir auch von den Mitarbeitenden zurückgespiegelt.

Die finanzielle Situation ist allerdings noch immer eine Gratwanderung. Wir brauchen jeden Euro, um das Projekt weiter zu entwickeln. Die Eintrittsgelder sind extrem wichtig, aber auch die Mitgliedsbeiträge des Freundeskreises sowie jede Spende, egal in welcher Höhe.

### Wie wird sich Campus Galli nun weiterentwickeln?

Wir wollen immer mehr Teile des Klosterplans realisieren. Hierfür ist es schön, dass die Anzahl der Ehrenamtlichen stetig zugenommen und sich die Verbindung zu Institutionen wie Berufsschulen verfestigt hat. Ebenso wollen wir den sozialen Aspekt des Projekts weiter ausbauen. Es gibt vermehrt Schulprojekte, wodurch den Schülerinnen und Schülern zusätzliche soziale Kompetenzen vermittelt werden können. Wir arbeiten auch eng mit den Jugendherbergen der Region zusammen.

Ebenso ist es wichtig, das Projekt überall zu vernetzen, um die Besucherzahl zu steigern. Immerhin werden wir in den entsprechenden Reiseführern meist auf zwei Seiten vorgestellt.

Dann wollen wir Programme entwickeln, welche bestimmte Institutionen gezielt mit Spenden für Projekte fördern können.

### Welche Erfahrungen haben Sie bei der Großen Landesausstellung »Hidden Länd« in Stuttgart gemacht?

Wir waren über die gesamte Dauer der Ausstellung präsent und durften einen Raum gestalten. Es war schon ein tolles Erlebnis für Hannes Napierala und mich, an der Eröffnung im Weißen Saal im Neuen Schlosses Stuttgart teilzunehmen und mit wichtigen Kulturschaffenden reden zu können. Dort wurden wir auch offiziell vorgestellt. Die Ausstellung, die im Januar zu Ende ging, war aus unserer Sicht ein voller Erfolg. Es waren stets zwei Personen von Campus Galli vor Ort, die den Besucherinnen und Besuchern das Projekt vorstellten sowie jeweils ihr Handwerk zeigten. Für die Mitarbeitenden bedeutete dies eine zusätzliche Arbeit, doch gefiel allen die tolle Atmosphäre. Wir haben die Erfahrung gemacht, dass viele Besucherinnen und Besucher Campus Galli schon kannten beziehungsweise davon gehört hatten. Ich selbst habe in der Zeit, als ich in der Ausstellung präsent war, eine Schale aus Gras und Bast angefertigt. Die Nadel hierfür hat der Schmied auf Campus Galli geschmiedet.

Was viele nicht wissen: Die Fasern unter der Baumrinde sind Bast. Mit diesem Bast umwickelt man das Gras und näht es sozusagen fest. Man beginnt in der Mitte, indem man das Gras zu einer kleinen Schnecke formt, und arbeitet sich dann nach außen weiter.

### Standen immer genug Mitarbeitende für die Ausstellung zur Verfügung?

Das war tatsächlich eine logistische Herausforderung, da wir ja zu den Öffnungszeiten möglichst viele Werkstätten besetzt haben wollen und die Arbeiten auch im Winter, wenn das Gelände geschlossen ist, weitergehen. Da wird genäht und vorbereitet und schon im Februar geht es wieder auf die Baustelle. Wir haben es aber trotzdem gut geschafft.

Die Mitarbeitenden sind wirklich gefordert, denn es ist nicht immer einfach, mit den Mitteln des 9. Jahrhunderts zu arbeiten. Ihr Engagement ist Gold wert.

**Was wünschen Sie sich für die Zukunft?**

Dass das wertvolle Projekt weitergeht und für die Mitmenschen erhalten bleibt! Ich hoffe, wir schaffen es, dass nicht immer einige Angst haben müssen, dass die Gelder nicht reichen. Campus Galli ist einzigartig und ein absolutes Alleinstellungsmerkmal in Baden-Württemberg und Deutschland. Wir wollen mit Aktionstagen und Themenwochenenden noch mehr Gäste anlocken, sodass sie sehen: Jeder Besuch lohnt sich, denn es gibt jedes Jahr etwas Neues zu entdecken. Ebenso lohnt es sich, immer wieder auf die Homepage zu schauen, die wir mit Aktuellem bestücken, oder sich über die Kanäle von Social Media nach Neuestem zu erkundigen. Es ist zum einen wichtig, dass alte Handwerkskunst nicht in Vergessenheit gerät, und zum anderen belebt das Projekt die Region, was an der Anzahl der Übernachtungen abzulesen ist. Ich empfinde Campus Galli als absolute Bereicherung – persönlich, für die Region und für die Gäste.

Uta Mahler-Kraus in der Ausstellung »Hidden Länd« in Stuttgart, wo sie für Campus Galli vor Ort das Projekt vorstellte

Uta Mahler-Kraus in der Gewandung des Frühmittelalters bei einer Führung auf der Klosterbaustelle

Uta Mahler-Kraus, Vorsitzende des Trägervereins Karolingische Klosterstadt e. V., zeigt, wie eine Schale aus Gräsern und Bast hergestellt wird

## Die Autoren

**Andrea Braun-Henle,** Jahrgang 1970, ist Lehrerin und Religionspädagogin. Seit über 20 Jahren ist sie Fremdenführerin in Meßkirch und dort auch in der Entwicklung und Durchführung neuer Führungen und Veranstaltungen für unterschiedliche Zielgruppen tätig. Daneben arbeitete sie bereits an mehreren Publikationen zur Geschichte und Kultur der Stadt Meßkirch und der Region mit. Von Anfang an ist sie Mitglied des Vorstandes des Freundeskreises Karolingische Klosterstadt Meßkirch – Campus Galli e. V. und dort lange Jahre für die Herausgabe der Chronik verantwortlich.

**Dr. Armin Heim,** geboren 1962 in Meßkirch, Studium der Empirischen Kulturwissenschaft, Geschichte und Kunstgeschichte, Stadtarchivar und Museumsleiter in Meßkirch, Leiter des Museums Oberes Donautal im Ifflinger Schloss in Fridingen a. D.

**Bruder Jakobus Kaffanke OSB,** Jahrgang 1949, Diplom-Theologe, 1983 Eintritt in die Erzabtei St. Martin in Beuron, seit 1993 Eremit auf dem Ramsberg bei Großschönach.

**Dr. Johanna Jebe,** geb. 1986 in Gütersloh, Studium der Geschichte und evangelischen Theologie in Tübingen und Bologna, 2022 Promotion in mittelalterlicher Geschichte, ist Wissenschaftliche Mitarbeiterin am Seminar für mittelalterliche Geschichte der Universität Tübingen sowie Mitglied im wissenschaftlichen Beirat des Campus Galli.

**Jens Lautenschlager,** geboren 1982 in Ostfildern\Ruit. Seit 2004 Steinmetzgeselle, mehrere Jahre in der Denkmalpflege an Sakralbauten tätig. Seit 2013 Steinmetz bei Campus Galli.

**Tilman Marstaller M. A.,** Jahrgang 1968, freiberuflicher Archäologe und Bauforscher. Er ist Lehrbeauftragter an der Universität Tübingen, Autor zahlreicher Beiträge zu baugeschichtlichen und archäologischen Themen, leistet Öffentlichkeitsarbeit durch Vorträge und Führungen. Seit Juni 2016 ist er bauhistorischer Berater für Campus Galli.

**Isabell Michelberger M. A.,** geboren 1964 in Meßkirch, Studium der Germanistik, Geschichte und Skandinavistik an der Johann-Wolfgang-von-Goethe-Universität Frankfurt am Main, freiberuflich tätig als Journalistin mit den Schwerpunkten Literatur, Kunst und Kultur, als Buch-Lektorin sowie in der Öffentlichkeitsarbeit.

**Dr. Hannes Napierala,** geboren 1980 in Meßkirch, Studium der Archäologie und Geografie an den Universitäten Tübingen und München, Promotion in Archäologie, Geschäftsführer beim Verein Karolingische Klosterstadt e. V.

**Lara Reisigl-Domeneghetti,** geb. 1993 in Italien, Ausbildung zur Maestra d'Arte. Bachelor in Zeichnen in Deutschland, MA in Visual Arts und PG Diploma in Historischer Holzbildhauerei und Vergoldung. Seit 2020 in Norwegen, Vorstandsmitglied bei Håndverkslaget und dem Norwegischen Holzschnitzerverband.

**Aurel von Schroeder,** geboren 1989 in Weilheim a. d. Teck, Zimmerermeister, 2011 Ausbildung zum Zimmerergesellen in Herdwangen-Schönach, 2014 Meisterschule des Zimmererhandwerks in Kassel, seit 2019 Zimmerermeister beim Campus Galli.

**Mechthild Schwarzkopf,** geboren 1969 in Emmendingen, arbeitete lange als Leiterin einer sozialtherapeutischen Textilwerkstatt und in der Pflege schwerbehinderter Kinder und Jugendlicher. 2009-2012 Ausbildung zur Töpferin. Seit 2015 Mitarbeiterin bei Campus Galli als Weberin und Museumspädagogin.

## Abbildungsverzeichnis

© Campus Galli: Coverbild, S. 52–57, U4-Bild / © Klaus Burger, privat: S. 7 / © Hannah Marie Nes und Lara Reisigl-Domeneghetti: S. 9, 10, 12 / © gemeinfrei: 11 / © Photos Lovestruck – Lena Kaltenbach: S. 13, 41, 44, 45, 55 (oben links, oben Mitte, Mitte rechts), 57 (unten links) / © Tilmann Marstaller: S. 14, 22–24, 26–28 / © Tilmann Marstaller nach Vorlage von Thomas Fuhrmann, Campus Galli): S. 19 / © Hans Lässig und Tilmann Marstaller: S. 30 / © Aurel von Schroeder: S. 35 (rechts), 36–39 / © Stiftsbibliothek St. Gallen, Bearbeitung: Aurel von Schroeder: S. 35 (links) / © Stiftsbibliothek St. Gallen: S. 42, 81, 84–86 / © Luttrell Psalter: S. 47 / © Universitätsbibliothek Heidelberg: 48 / © Bettina Fritz: 50, 51 / © Jens Lautenschlager: 59–63 / © Simone Napierala: S. 60 (oben links) / © Andrea Braun-Henle: S. 64, 67 (unten), 68, 69, 71, 72, 75 / © Tula Roy: S. 65 / © Mahr, Johannes. Münsterschwarzach 1200 Jahre einer fränkischen Abtei, © Vier-Türme-GmbH, Verlag, Münsterschwarzach 2015: S. 66, 67 (oben) / © Staatsarchiv Zürich: S. 70, 76 / © Zürich Zentralbibliothek: S. 73 / © tadtarchäologie Zürich/Oliver Lüde, 2004: S. 77 / © Württembergische Landesbibliothek, Stuttgart: S. 78 / © Felix Weckenmann: S. 82 / © Armin Heim: S. 87, 89 (oben) / © Gmeiner-Verlag: S. 89 (unten) / © Isabell Michelberger: S. 93 (unten rechts) / © Manfred Dieterle-Jöchle: S. 93 (links) / © Insa Bix: S. 93 (oben)

## Karolingische Klosterstadt Meßkirch
»Dokumentation einer Zeitreise auf dem Campus Galli«

...........................

*Freundeskreis Karolingische Klosterstadt Meßkirch – Campus Galli e. V. [Hrsg.]*
*96 Seiten, Broschur*
*2013: ISBN 978-3-8392-1483-1*
*2014: ISBN 978-3-8392-1637-8*
*2015: ISBN 978-3-8392-1718-4*
*2016: ISBN 978-3-8392-1895-2*
*2017: ISBN 978-3-8392-2081-8*
*2018: ISBN 978-3-8392-2224-9*
*2019: ISBN 978-3-8392-2434-2*
*2020: ISBN 978-3-8392-2550-9*
*2021: ISBN 978-3-8392-2886-9*
*2022: ISBN 978-3-8392-0146-6*
*2023: ISBN 978-3-8392-0364-4*
*2024: ISBN 978-3-8392-0605-8*
*2025: ISBN 978-3-7801-1511-9*

*Bundle (2013 – 2025): ISBN 978-3-7801-1512-6*

VOR RUND 1200 Jahren entstand die älteste Architekturzeichnung des Mittelalters auf dem berühmten Inselkloster Reichenau: der St. Galler Klosterplan. Der Plan gelangte zwar an seinen Bestimmungsort in St. Gallen, wurde aber baulich nie umgesetzt.

SEIT 2013 herrscht auf dem Campus Galli bei Meßkirch rege Betriebsamkeit. Zahlreiche Handwerker verleihen dem berühmten Klosterplan Gestalt. Das auf 40 Jahren konzipierte Projekt will der Wissenschaft zu neuen Erkenntnissen verhelfen und dem breiten Publikum eine Vorstellung vom Leben auf einer mittelalterlichen Baustelle vermitteln.

DIE KLOSTERSTADT-CHRONIKEN liefern interessante Hintergrundinformationen und dokumentieren den Baufortschritt des jeweils vergangenen Jahres.